마음을
버려라 : 임제

Rinzai: Master of the Irrational

Copyright © 2004 by Osho International Foundation, Switzerland. www.osho.com
OSHO is a registered trademark of Osho International Foundation,
used under license.
Korean Translation Copyright © 2011 by Sodam&Taeil Publishing Co., Ltd.
This Korean edition was published by arrangement with Osho International Foundation,
Switzerland through Best Literary & Rights Agency, Korea.
All rights reserved.

이 책의 한국어판 저작권은 베스트 에이전시를 통한 원저작자와의 독점 계약으로 (주)태일소담에서 소유합니다. 신저작권법에 의하여 한국 내에서 보호를 받는 저작물이므로 무단전재와 무단복제를 금합니다.

마음을
버려라 : 임제

Rinzai: Master of the Irrational

오쇼 강의 | 손민규 옮김

태일출판사

옮긴이 손민규

1962년 생. 인도로 건너가 오쇼의 제자로 입문한 후 20여 년 동안 인도를 오가며 여러 스승들을 만나 교류했다. 특히 '유지 크리슈나무르티'와의 만남을 통해 큰 감화를 받았으며, 오쇼 문하에서 가장 먼저 깨달은 인물로 알려진 '끼란지'와 12년 동안 친교를 나누며 깊은 가르침을 받았다. 지난 20년 동안 명상 서적 전문 번역가로 일하면서 『명상, 처음이자 마지막 자유』, 『법구경』, 『금강경』, 『떠도는 자의 노래』, 『마음을 버려라』 등을 포함한 50여 권의 명상 서적을 한국에 번역·소개했다. 현재 오쇼와 끼란지의 가르침에 대해 공부하는 수행모임 '오스카'를 이끌고 있다.
오스카 홈페이지: www.oska.co.kr

21세기를 사는 지혜의 서 14

마음을 버려라
: 임제
Rinzai: Master of the Irrational

펴낸날 | 2012년 3월 30일 중판 1쇄

지은이 | 오쇼
옮긴이 | 손민규
펴낸이 | 이태권
펴낸곳 | (주)태일소담
　　　　서울시 성북구 성북동 178-2 (우)136-020
　　　　전화 | 745-8566~7 팩스 | 747-3238
　　　　e-mail | sodam@dreamsodam.co.kr
　　　　등록번호 | 제2-42호(1979년 11월 14일)
　　　　홈페이지 | www.dreamsodam.co.kr

ISBN 978-89-8151-184-5 04150
　　　978-89-8151-170-8 (세트)

● 책값은 뒤표지에 있습니다.
● 잘못된 책은 구입하신 곳에서 교환해드립니다.

Osho The Present Day
Awakened One speaks on the
Ancient Masters of Zen,

현대의 깨달은 스승 오쇼,
고대의 선사들에 대해 말하다.

옮긴이의 말

임제는 할의 조사로 유명하다.
나는 가는귀를 먹어 잘 듣지 못한다.
그런데 그의 외침은 어찌나 큰지
반귀머거리에 가까운 내 귀가 다 얼얼할 지경이다.
더구나 오쇼의 확성기를 통해 나왔으니 더 말해 무엇하겠는가?
번역을 마치고 나니 아무 말도 할 게 없다.
내일은 시장에 나가 보청기를 사야겠다.
아주 성능 좋은 보청기를 사야겠다.
그리고 임제와 오쇼의 고함 소리에
아예 머리가 박살나고 가슴만 남으면 좋겠다.
오쇼는 가슴 큰 사람을 좋아했다는데…….
어떻게 하면 풍만한 가슴을 지닐 수 있을까?
그 생각에 골몰하여 역자 후기고 뭐고 쓸 게 없다.

손민규

차례

스승의 일갈(一喝) · 11
비어 있는 마음 · 45
사자의 포효 · 89
너무 거칠구나! · 119
무엇이 빈 터의 흰 소인가? · 143
마음을 버려라 · 169
목적지 없는 여행 · 193
눈먼 당나귀 · 221

 **1.**

스승의 일갈(一喝)

임제는 '할'의 조사로서 알려졌다.
어느 날 한 승려가 임제에게 물었다.
"불법(佛法)의 대의는 무엇입니까?"
임제는 즉각 일갈했다. 그러자 그 승려는 절을 했다.
임제가 물었다.
"그대는 나의 이 일갈이 훌륭하다고 생각하는가?"
그 승려가 대답했다.
"들판의 도적은 완패했습니다."
임제가 물었다.
"어디에 나의 허물이 있는가?"
그 승려가 대답했다.
"또다시 범하는 것은 용납될 수 없습니다."
임제가 다시 일갈했다.

스승의 일갈(一喝)

마니샤, 이 고즈넉하고 아름다운 저녁에 우리는 임제록에 관한 일련의 새로운 강의를 시작하려 하고 있다. 임제 선사는 선의 전통에서 가장 사랑받는 스승 중 하나이다.

맨처음 빛이 전달된 것은 고탐 붓다와 마하카샤파 사이에서 일어났다.

두 번째 위대한 빛의 전달은 보리 달마(菩提達摩)와 그의 후계자 혜가(惠可) 사이에서 일어났다. 보리 달마는 의식의 궁극적 체험을 인도에서 중국으로 옮겨 놓았다. 임제는 바로 그 의식을, 자신의 내면으로 들어간 그 도를 중국에서 한국, 일본 등으로 가져왔다.

이 세 사람―마하카샤파, 보리 달마, 임제―의 이름은 히말라야의 웅대한 봉우리처럼 우뚝 솟아 있다.

체험을 말로써 설명하는 것은 가장 곤란한 일 중 하나이다. 게다가 그 체험을 하나의 언어에서 다른 언어로 바꿔 전달하는 것은 거의 불가능한 일이다. 그런데 보리 달마는 가까스로 그 일을 달성할 수 있었다. 임제 역시 그 일을 달성했다. 이 진리의 등불의 전달에 대해 깊이 이해해야 한다. 그렇게 해야 비로소 임제록을 이해할 수 있게 된다.

어떤 언어로도 내적 체험, 주관적 체험을 표현할 수는 없다. 그 이유는 단순하다. 이른바 언어라는 것은 객관 세계의 사물이나 사람들을 표현하기 위해 생겨난 것이기 때문이다. 어떤 언어든 그대의 실존 깊숙이 존재하는 중심을 표현하기 위해 생겨난 것은 아니다. 왜냐하면 똑같은 체험을 한 두 사람이 만났다 해도 그들은 서로 아무런 말도 할 필요가 없기 때문이다. 그들의 존재 자체, 그들의 침묵 자체, 그들의 깊은 눈빛과 아름다운 몸짓만으로도 충분하다.

세 가지 상황이 있을 수 있다. 그중의 하나는 광명을 얻은 두 사람이 만나는 것이다. 이 경우 언어는 불필요하다. 두 사람 모두 언어를 초월한 경지에서 만난다. 둘의 만남은 무심(無心)의 만남이다.

두 번째 상황은 광명을 얻지 못한 두 사람의 만남인데, 이 경우 서로는 많은 말을 한다. 그들은 엄청난 언어, 철학, 형이상학을 구사하지만, 그것들은 모두 무의미해진다.

그들의 언어는 체험에 의해 뒷받침되어 있지 않다. 그들은 남의 언어를 되풀이하는 앵무새에 지나지 않는다. 분명 그들에게서는 깨달은 자들의 언어가 나올 수 없다. 그들은 그대 실존의 핵심에 무엇이 있는지 짐작도 하지 못한다.

세 번째 가능성은 광명을 얻은 사람과 광명을 얻지 못한 사람과의 만남이다. 광명을 얻은 사람은 알고 있다. 그러나 광명을 얻지 못한 사람은 모르고 있다. 광명을 얻은 사람이 알고 있다 해도 아는 것만으로 전달할 수는 없는 일이다. 안다는 것과 언어로 전한다는 것은 별개의 문제다.

그대는 사랑이 무엇인지 안다. 그대는 사랑의 노래를 부를 수도 있고 춤을 출 수도 있다. 그러나 사랑이 무엇인지 한마디로 표현할 수는 없다. 그대는 사랑에 압도당하고 사랑의 궁극을 체험할 수도 있다. 하지만 사랑의 단편적인 조각조차 말로 표현하기란 불가능하다. 언어는 사랑을 표현하는 데 적합하지 않다. 하물며 그것을 하나의 언어에서 다른 언어로 바꿔 표현하기란 거의 불가능하다.

붓다조차 마하카샤파(Mahakashyapa)에게는 아무 말도 하지 않았다. 마하카샤파는 단순히 스스로 나무 밑에 고요히 앉아 있으면서 수년간을 붓다 휘하에서 보냈다. 그는 한 번도 질문하지 않았다. 단지 기다리고 기다리고, 계속 기다렸다. 기다리면 기다릴수록 그는 더욱 더 고요해졌다. 오랜 기다림으로 인내가 깊어질수록 그의 신뢰, 그의 사랑, 그의 고마움은 커져 갔다. 단순한 기다림만으

스승의 일갈(一喝)

9년 간을 계속 흐트러짐 없이 앉아 있었다. 그러자 좌선하길 바라는 사람들이 그의 주변에 모여 같이 앉게 되었다. 서로 한마디도 하지 않고 그의 주변에 묵묵히 앉아 있을 뿐인데도 어떤 에너지가 움직이기 시작했다. 무엇인가가 사람들에게 일어나기 시작했다. 그들의 생활 방식이 변했으며, 그들의 삶은 기품으로 가득 찬 아름다운 것이 되었다.

14년 뒤 보리 달마는 중국을 떠나 히말라야로 돌아가 산 속에 은거했다. 은거하는 데는 히말라야만치 좋은 곳이 없다. 완전한 정적, 한 번도 녹지 않은 영원한 눈(雪), 아무도 밟은 적이 없는 무수한 장소.

떠나기 전 보리 달마는 네 제자를 불러 말했다.

"나는 이제 떠난다. 이별할 때가 온 것이다. 나는 더 이상 이 육체에 머무를 수가 없구나. 머지않아 내 의식은 날개를 활짝 펴 떠나갈 것이다. 그렇게 되기 전에 나는 히말라야에 도착하고 싶다. 너희 네 사람을 부른 것은 너희들 중 하나가 내 법을 계승할 것이기 때문이다. 너희 네 사람에게 똑같은 질문을 하겠다. 누가 후계자인지는 그 대답을 듣고 결정하겠다."

보리 달마가 물었다.

"내가 인도에서 중국에 온 참뜻이 무엇인가?"

맨 처음의 제자가 말했다.

"고탐 붓다의 깊고 오묘한 체험을 널리 펴기 위해서입니다."

보리 달마가 말했다.

"틀리지는 않지만 아직 멀었다. 너는 내 피부에 불과하다. 자, 앉거라."

그는 두 번째 제자를 보았다. 그 제자가 말했다.

"스승께서 중국에 오게 됨으로써 내면의 실존적 변혁, 무의식으로부터 의식으로 가는 변혁이 일어나게 됐습니다."
보리 달마가 말했다.
"약간 낫지만 아직 충분치 않다. 자, 앉거라."
그는 세 번째 제자를 보았다. 그 제자가 말했다.
"스승께서는 말할 수 없는 것을 널리 펴기 위해 오셨습니다."
보리 달마가 말했다.
"앞의 두 사람보다는 훨씬 낫다. 하지만 여전히 말할 수 없는 것임을 말하고 있다. 자, 앉아도 좋다. 첫 번째 제자는 나의 피부를, 두 번째 제자는 나의 뼈대를, 너는 나의 살을 얻었다."
그가 네 번째 제자를 바라보자 그 제자는 단지 감사와 기쁨의 눈물을 흘리면서 한마디도 하지 않고 보리 달마의 발 밑에 엎드렸다.
보리 달마가 그에게 말했다.
"너는 내 정수를 얻었다. 너야말로 내가 택한 제자이다. 말로 표현할 수 없는 것을 너는 눈물로 표현했다. 깊은 의미를 내포한 말로도 표현할 수 없는 것을 너는 감사로서 표현했다."

임제는 이 몇몇 조사들 뒤에 등장한다. 마하카샤파와 보리 달마가 이룩했듯이 임제 역시 침묵을 창조하여 사람들을 내면으로 향하게 하는 데 성공했다.

그의 메시지는 언어에 의한 것이 아니었다.
그의 메시지는 실존적인 것이었다.

스승은 단지 어떤 상황, 즉 방편을 만들어 낼 뿐이다. 만약 그대가 충분히 수용적이라면 그대 안에서 변형이 일어날 수 있다. 이 변형은 죽음과 부활에 가깝다. 낡은 인격은 그림자를 감추고 그대의 본래 면목이 나타난다.

지금 그대가 갖고 있는 얼굴은 사회, 문화, 교육, 부모에 의해 주어진 것이다. 그대의 인격은 그대의 본래 모습이 아니다. 그대의 본래 모습은 사회와 기득권층에 맞추기 위한 온갖 가식으로 덮혀 있다.

스승과 함께 있을 때 그대의 인격은 시든 낙엽이 지듯이 떨어져 나간다. 그대는 처음 탄생했을 때처럼 벌거벗은 채로 있다. 빌린 물건이나 다름없는 일체의 지식도 스러져 간다. 그대는 아이처럼 순수해진다. 이 순수함 속에서는 어떤 말도 필요 없다.

마우링가풋타에게 일어난 일이 바로 이것이다. 2년이 지나자 그는 약속한 때를 완전히 잊어버리고 말았다. 그 2년 간은 커다란 침묵의 시기였다……. 며칠 간은 날짜를 세었지만 얼마 안 가서 센다는 생각이 떨어져 나갔다. 며칠 간은 이런저런 생각이 머리를 스쳐 지나갔지만 언제까지 계속되진 않았다……. 관심을 기울이지 않으면, 단순히 거울이 되어 버리면 사고는 단 하나의 흔적도 남기지 않고 구름처럼 왔다가 가 버린다. 2년이 지나자 그는 완전히 순진 무구해졌다. 물음도 없고 논쟁도 없고 도전도 없다. 그같은 인격의 각 부분은 붓다의 에너지권에서 보낸 그 2년 속에 모두 녹아 버렸다.

붓다는 직접 마우링가풋타에게 말했다.

"그대는 잊었는가? 오늘이 꼭 2년째 되는 날이다. 자, 나에게 도전하고 싶다면, 무언가를 묻고 논쟁하고 싶다면 마음대로 할 수 있다."

마우링가풋타는 붓다의 발 아래 엎드리면서 말했다.

"마하카샤파는 틀리지 않았습니다. 나(ego)는 이미 존재하지 않습니다. 그러니 누가 당신에게 도전하겠습니까? 누가 답을 듣겠습니까? 이 2년 간은 눈 깜짝할 사이에 지나가 버렸습니다. 제가 이곳에 바로 어제 온 듯한 느낌입니다. 당신은 기적을 행하셨습니다."

붓다가 말했다.

"나는 아무 것도 하지 않았다. 단지 나의 존재 속에 함께 함으로써 그대의 가슴이 나의 가슴에 서서히 동조하기 시작한 것이다. 그대는 조금씩 조금씩 나의 온화함과 자비 속으로 녹아 들어갔다. 그것은 나 자신의 체험이기도 했다. 이 과정을 완결시키기 위해서는 적어도 2년의 세월이 필요하다. 2년 간이나 기다리게 한 것을 용서하기 바란다. 하지만 가슴에서 가슴으로, 실존에서 실존으로 이행하기 위해서는 다른 길이 없다."

이 진리의 씨앗은 인도에서, 고탐 붓다 속에서 나왔다. 그리고 마하카샤파에 의해 꽃의 형태로 6대에 걸쳐 전해졌다. 그 활짝 핀 꽃을 중국에 전파한 보리 달마는 7대째였다. 양 무제가 몸소 보리 달마를 마중 나왔다. 그의 명성이 이미 널리 퍼졌기 때문이다.

하지만 무제는 선의 방편을 이해할 수 없었다. 선에는 다른 어떤 종교 전통에서도 볼 수 없는 독특한 교화 수단이 있다. 그 수단은 너무 독특해 유례를 찾아볼 수 없는 것이었다.

무제는 수도에서 국경까지 친히 보리 달마를 마중 나왔다. 허나 무제는 멀리서 보리 달마가 오는 광경을 보고 충격을 받았다. 그는 신발 한 짝만을 발에 신고 다른 한 짝은 머리에 이고 있었기 때문이다.

그러나 무제는 대단히 많은 교양을 쌓은 인물이었다. 수많은 탁월한 문화인들을 신하로 거느리고 있었다. 때문에 이같은 터무니없는 행동을 보고서도 그 문화와 교양이 가로막아서 단 한마디 말도 할 수 없었다. 또 소개도 받지 않은 상태였다. 무제는 보리 달마의 머리에 이고 있는 신발에서 시선을 떼었다.

스승의 일갈(一喝)

　무제는 수천 개의 불상을 중국에 세우고, 중국 학자와 함께 모든 불교 경전을 한역하기 위해 만 명의 학자를 인도에서 데리고 온 인물이었다. 그는 큰 사업을 많이 벌여 나라 전체를 불국토로 변화시켰다. 물론 말할 나위 없이 승려들은 무제에게 이렇게 말했다.
　"황제께선 크나큰 공덕을 쌓으셨습니다. 이러한 덕행으로 말미암아…… 내세에서는 헤아릴 수 없는 과보를 받게 되실 겁니다."
　이런 상황 속에서 무제는 보리 달마에게 물었다.
　"나는 이렇게 많은 공덕을 쌓았소. 내가 받는 과보는 어느 정도나 되겠소?"
　보리 달마가 말했다.
　"어리석은 자여! 즉시 지옥에나 떨어지시오. 과보가 어느 정도냐고? 과보라는 생각 자체가 억지 욕심 아니오? 무엇인가 이루었다는 생각 자체가 당신의 무지를 드러내는 것이오."
　무제는 충격을 받았다. 신하들도 충격을 받았다. 그렇다고 이제 와서 도망갈 수는 없다. 이 사람은 불러들일 만한 인물이 아니었다. 그래도 무제는 보리 달마의 무례한 말씨에 전혀 개의치 않고 다시 질문을 하려고 했다. 그는 '성인이시여……' 하고 말을 꺼냈으나, 끝까지 말을 이을 수 없었다.
　보리 달마가 즉시 말을 가로챘기 때문이었다.
　"성스러운 것도 없고 속된 것도 없소. 일체는 '비어 있으며(空)' 완전히 순수한 '무(無)'요, 깊은 명상에 들면 성스러운 것과 세속적인 것, 청정한 것과 오염된 것, 성인과 죄인 등과 같은 마음의 분별은 사라져 버리오. 그러니 나를 '성인' 따위로 부르지 마시오. 나는 성스럽다느니 저속하다느니 하는 유치한 말은 버린 지 오래요. 단도직입적으로 말하시오."
　무제가 말했다.

"내 마음은 끊임없는 상념으로 혼란스러워 있습니다. 그러나 어떤 경전을 읽어 보아도 무념(無念), 즉 완전히 깨어 있지 않는 한 진리는 발견할 수 없다고 써 있습니다."

여기서 보리 달마는 뜻밖의 말을 했다. 그는 대단히 예측하기 어려운 사람이다. 그가 어떤 행동을 할지는 아무도 예측할 수 없었다. 그가 말했다.

"그것이 문제라면 내일 아침 일찍 내게 오시오. 나는 중국에 들어가지 않고 국경 밖에 있는 조그만 절에 머무를 예정이오. 내일 새벽 세시에 오시오. 하지만 꼭 혼자 와야 되오. 신하나 호위병을 동반하지 말고, 무기도 갖고 오지 마시오. 그렇게 하면 내 당신의 마음에서 일어나는 일체의 상념을 없애 드리겠소. 당신의 마음을 고요하게 해 드리겠소."

무제는 엄청난 공포에 사로잡혔다. 이 사람은 아무리 보아도 미친 사람 같았다. 한밤중에 그는 잠도 자지 않고 갈 것인지 말 것인지 망설였다.

'...... 저 사람은 미쳤다. 신발 한 짝을 머리에 인 채 나를 '어리석은 자'라 부르다니! 게다가 자기는 긴 지팡이를 갖고 있으면서 나에겐 무기를 일체 지니지 말라고 한다. 저 사람이 무슨 일을 저지를지 모르겠다. 나를 때릴지도 모르고 돌을 던질지도 모른다.'

무제는 일어날 수 있는 모든 사태를 상상했지만, 약속 시간이 다가오자 크나큰 흡인력을 느꼈다.

"무슨 말을 하든, 어떤 식으로 행동하든 그에겐 엄청난 존재감과 자석 같은 흡인력이 있다. 도박을 해보자."

그가 절에 도착하자 보리 달마는 이미 기다리고 있었다. 보리 달마가 말했다.

"아주 간단하오. 당신은 이곳에 앉고 나는 당신 앞에 앉겠소. 이

지팡이가 보일 것이오. 완고한 상념이 당신에게서 떨어지지 않는다는 느낌이 들면 이 지팡이로 당신의 머리를 때릴 것이오. 어떤 판단도 없이 자신의 상념을 지켜보기만 하면 되오. 그것이 당신이 할 일이오. 단지 목격자로 있기만 하면 되오."

무제는 생각했다.

'아무래도 잘못 온 것 같다. 이 사람은 언제라도 나를 때릴 수 있다. 내 마음은 상념으로 가득 차 있으니까. 하지만 일단 왔으니까 한번 해보자. 내가 도망간다면 남들은 나를 겁쟁이로 생각할 것이다.'

그래서 무제는 보리 달마 앞에 앉아서 상념을 지켜보았다.

상념을 지켜본다는 것은 판단이나 가치 평가, 자기 동일화를 하지 않는 것이다. 군중이 거리를 지나가는 것을 바라보듯이, 구름이 허공을 오가는 것을 바라보듯이 ― 판단 없이 오직 지켜보기만 한다. 그대의 마음은 스크린에 지나지 않는다. 구름 몇몇이 오가는 것을 단지 지켜보기만 한다. 그대는 관찰자이며, 그 밖에 세상의 모든 것은 관찰 대상이다.

아침 해가 떠오르자 황제의 오라 전체가 변하고 있었다. 두 시간도 채 지나지 않아 상념의 형체와 그림자는 싹 없어져 버렸다. 주시는 스스로를 진리와 만나게 하는 유일한 불이며, 그대의 거짓과 가식 전체를 태워 버린다. 보리 달마는 변화해 가는 얼굴을, 그리하여 새롭게 드러나는 아름다운 얼굴을 바라보았다. 그는 황제를 흔들면서 물었다.

"아직 상념이 남아 있소?"

무제는 그의 발 아래 엎드리면서 말했다.

"진정 당신은 성취한 자입니다. 바라건대, 부디 중국을 떠나지 말아 주십시오. 저 학자나 주지, 승려들은 모두 앵무새에 불과합니다. 그들이 할 수 있는 것이라곤 주시하는 것, 지켜보는 것에 대해 이러쿵 저러쿵 길게 늘어놓는 것뿐입니다. 허나 당신은 그 체험을 맛보게 해주셨습니다. '주시'에 대한 단 하나의 가르침도 없이 홀연히 나를 '주시자'가 되게끔 해주셨습니다. 이제 나는 어떤 것도 필요 없습니다."

스스로 '주시자'라고 느끼는 순간, 그대는 궁극의 영원한 실존을 보고 있는 것이다. 그것은 그대의 가장 순수한 의식이다. 그것은 그대를 한 명의 붓다로 만든다. 그리고 그것은 모든 사람에게 잠재되어 있다.

임제는 의식 구조 전체를 변형시키는 데 성공했다. 그는 누구보다도 많은 것을 달성했다. 그는 명상의 새로운 차원을 열었다. 믿기 어렵겠지만, 그는 모든 것을 명상으로 변형시키는 데 성공했다. 임제는 행위자가 아닌 주시자로서 완전한 각성을 하고 있을 때는 모든 행위가 명상이 될 수 있다고 주장했다.

불합리한 스승 임제에 관련된 주석을 잠깐 보자.

임제(臨濟)는 9세기 초에 태어나 선종의 가장 중요한 종파인 임제종(臨濟宗)을 창시하였다.
어려서부터 총명했으며, 나중에 출가를 해 경전을 연구하였다. 그러나 자신의 의문을 책만으로는 풀 수 없음을 알고, 행각 길에 나서 두 명의 위대한 스승 황벽(黃檗)과 대우(大愚)를 방문하였다. 대오(大悟)한 뒤에 호타하(물이름 호, 눈물흐를 타, 河) 부근의 작은 절의 승려가 되었다.

스승의 일갈(一喝)

마니샤가 가져온 경전을 보자.

임제는 '할'의 조사로 알려졌다.

그는 상대를 침묵시키는 수법으로 할을 사용했다. 갑작스런 일갈!

신에 대해 묻고, 천국에 대해 묻고, 심원한 철학이나 신학적인 문제를 물으면 스승은 숨쉴 틈도 주지 않고 호통을 친다. 그대의 마음은 충격을, 전기 쇼크에 가까운 충격을 받는다. 일순간 그대는 존재하지 않고 오직 할만이 존재한다. 일순간 사고는 정지되고 시간도 정지된다. 그리고 이것이야말로 명상 비법의 전부이다.

세상의 많은 신비가들이 소리를 사용했다. 그러나 어느 누구도 피상적인 방식에 지나지 않았다. 임제는 엄청나게 심원한 방식으로 할을 사용했다. 그의 할은 그대에게 침입해 중심 자체를 꿰뚫는 검으로 화한다.

그대들은 이해할 수 있을 것이다……. '야후(Yaa-Hoo)!' 하고 외칠 때 그대의 사고는 사라진다. '야후!'에는 어떤 의미도 없다. 그러나 그것을 큰소리로 외치면 그대는 갑자기 그대의 중심으로 되던져진다. 그리고 자신의 중심에 일단 닿으면, 예컨대 그것이 사소한 일별(一瞥:홀깃 봄)이라 해도, 그대의 삶은 변화하기 시작한다.

임제는 중심에 머무르는 최초의 체험을 주기 위해 제자들에게 호통을 친 것이었다. 그대는 주변과 중심 양방면에 걸쳐 있다. 그러나 그대는 주변에 기대어 살고 있다. 할은 그대를 중심으로 되돌려 놓는다. 일단 중심에 존재하는 체험을 맛보면 그대는 홀연 온 세상이 변했음을 알게 될 것이다. 이제 그대의 눈은 옛날과 같지 않다. 그대의 눈은 완벽히 맑아서 한 점의 티끌도 없다. 똑같은 푸른 잎이라도 더욱 선명하게 비친다. 똑같은 장미꽃이라도 더욱 뚜렷하게 비친다. 똑같은 삶이라도 축제로 보인다. 그대는 춤추고 싶을 정도이다.

그리하여 할이 자기 중심에 도달하는 데 도움이 된다는 사실을 안 제자들은……. 임제가 호타강 부근에서 제자들을 받아들이기 시작했을 때의 광경은 정말 볼 만한 것이었다. 제자들은 근처 골짜기에다 소리를 질렀으며, 그 소리는 골짜기에 메아리쳤다. 몇 킬로미터 떨어진 곳에 있어도 임제 가까이에 있는 것처럼 말할 수 있었다. 임제는 무턱대고 호통 치기만 한 것은 아니다. 그의 할은 그대를 주변에서 중심으로 되돌려 놓는 수법이었던 것이다.

그대를 중심으로 되돌려 놓는 방법은 아주 많다. 중심에 다다르기만 하면 어떤 방법이든 유효하다고 할 수 있다. 왜냐하면 그대의 중심은 그대 안에 있는 유일한 불사처(不死處)이기 때문이다. 중심을 제외한 다른 모든 것은 죽게 마련이다.

오늘은 바아크(Barks) 교수가 이곳에 있다. 그는 루미(Rumi)[1]를 번역하는 큰일을 이루어냈다. 그는 힘 닿는 데까지 핵심을 파헤치려고 노력하지만, 내 생각으로는 그가 루미의 선회기법(旋回技法) 전체가 중심을 발견하기 위한 것임을 아직 이해하지 못한 것같다. 몇 시간씩 선회를 계속하면 중심 자체에 있는 무엇인가가 완전히 부동의 상태로 된다. 그리고는 그것을 서서히 '자기'로서 느끼게 된다. 몸은 선회를 계속하지만 그대의 의식은 빛의 기둥으로서 머문다.

루미는 36시간을 계속 선회함으로서 최초의 '깨달음'을 얻었다.

---

[1] 이슬람의 신비주의 시인.

스승의 일갈(一喝)

사람들은 그가 미쳤다고 생각했다. 지금까지도 그를 계승하는 작은 그룹이 이어지고 있다. 사람들은 그들을 '선회하는 탁발승(whirling dervishes)'이라 부른다. 선회하는 동안 그대의 몸 전체는 태풍이 되고, 주시하고 있는 자기는 그 중심이 된다. 일체가 그대 주변을 돌고 있지만 중심만은 부동인 채로 있다. 이 부동의 중심을 아는 것은 곧 삶의 모든 신비를 푸는 열쇠를 아는 것이다.

  임제는 루미를 알지 못했고 루미 역시 임제를 알지 못했다. 그러나 두 사람 모두 같은 방편을 쓰면서 활동했다. 무엇인가를 통해 그대를 중심으로 향하게끔 하는 것이다. 그대의 의식이 깊어질 때, 중심으로 향하는 것이 마치 집을 출입하는 것처럼 고통스럽지 않을 때, 그대는 하나의 붓다가 된다.

  그렇게 되면 중심이 서서히 주변을 변화시키기 시작한다. 이제 그대가 폭력적이 된다는 것은 불가능하며, 파괴적이 된다는 것도 불가능하다. 그렇게 되면 그대는 사랑이 된다. 그대가 사랑하는 것이 아니라 그대가 곧 사랑이 된다. 그대가 곧 침묵이며, 그대가 곧 진리이다. 과거의 그대는 이미 사라졌다. 그것은 그대의 주변부였다. 태풍은 사라졌다. 지금은 중심만이 존재한다.

  임제의 수법은 루미보다 훨씬 단순하다. 몇 시간씩 선회할 수 있는 자는 거의 없다. 할은 선회기법보다는 훨씬 간단한 수법이다. 호통 치는 것이라면, 뱃속 깊은 데서 호통을 치는 것이라면 누구라도 할 수 있다. 더구나 할은 대단히 강렬하고 긴박한 것이 될 수도 있다. 선회하는 가운데 중심을 발견하는 데는 꽤 시간이 걸리지만, 한 번의 할은 그대를 즉각 중심에 머물게 한다.

임제는 '할'의 조사로서 알려졌다.
어느 날 한 승려가 임제에게 물었다.
"불법의 대의는 무엇입니까?"

자, 그는 아주 중요한 것을 묻고 있다. 붓다의 궁극적 가르침은 무엇인가?

임제는 즉시 일갈했다. 그러자 그 승려는 절을 했다.
임제가 물었다.
"그대는 나의 이 일갈이 훌륭하다고 생각하는가?"
그 승려가 말했다.
"들판의 도적은 완패했습니다."

임제가 물었다.
"어디에 나의 허물이 있는가?"
승려가 대답했다.
"또다시 범하는 것은 용납할 수 없습니다."
임제가 다시 일갈했다.

이 일화는…….
임제의 첫 번째 '할'은 아주 훌륭했다. 승려는 절을 했다. 주변에서 중심으로 옮겨 감으로써 크나큰 해방감을 맛보았기 때문이다. 하지만 임제는 약간 의심스러웠다. 왜냐하면 세상에서는 만사가 관례화되어 있기 때문이다. 임제가 호통 쳤을 때 그 깨달음이 자기 중심에까지 이르렀음을 나타내기 위해 절을 하는 것이 하나의 관례로 되어 있었다.
이는 실로 불행한 일이다. 모든 것이 습관, 의식(儀式), 전통이 되면 진정한 의미는 상실되게 마련이다. 더욱이 그대의 절은 진짜일 수도 있고 형식에 불과한 가짜일 수도 있다. 임제가 '그대는 나의 이 일갈이 훌륭하다고 생각하는가?'라고 물은 것은 그 때문이다.

그 승려가 말했다.
"들판의 도적은 완패했습니다."

승려의 이 말은 무엇을 뜻하는 것일까? 승려는 이렇게 말하고 있다.
"당신은 분명 실수했습니다. 당신의 할은 빗나갔습니다."

그 승려가 말했다.

"들판의 도적은 완패했습니다."

임제가 물었다.

"어디에 나의 허물이 있는가?"

승려가 대답했다.

"또다시 범하는 것은 용납할 수 없습니다."

승려는 '당신의 할은 빗나갔습니다'라고 말하고 있다. 그는 '두 번 할을 하는 것은 용납할 수 없습니다'라고 말하고 있는 것이 아니다. 그는 이렇게 말하고 있다.

"실수는 용납될 수 없습니다. 또다시 범하는 것은 안됩니다. 첫 번째는 그냥 지나칠 수도 있겠죠. 당신은 빗나갔습니다. 당신은 내 중심에 이르지 못했습니다. 내가 절을 한 것은 당신이 애썼기 때문입니다. 열심히 노력했기 때문입니다. 하지만 또다시 잘못을 범하는 것은 받아들일 수 없습니다."

이 구절을 읽은 독자는 모두 그 승려가 '두 번 할을 하는 것은 용납할 수 없습니다'라고 말한 것으로 생각할 것이다. 그러나 그것은 옳지 않다. 그 승려는 '두 번 실수는 용납할 수 없습니다'라고 말한 것이다.

임제는 다시 한 번 할을 했다. 그리고 일화는 갑작스럽게 끝난다. 할 뒤에는 침묵이 있다. 두 번째 할은 효과를 냈다. 이제 승려는 침묵하고 임제도 침묵하고 있다.

요가의 수행법은 자기 자신에 도달하기 위해 긴 시간을 요한다. 그러나 임제의 할은 지극히 단순하다. 전제 조건이 되는 규율 따위는 일체 요구하지 않는다. 누구라도 좋다…….

특정한 품격을 기를 필요는 없다. 선이나 악, 성인이나 죄인 같은 것은 관계가 없다. 중요한 것은 중심에 도달하는 것이다. 왜냐하면 중심에서 그대는 죄인도 아니고 성인도 아니기 때문이다. 성인이라든가 죄인이라든가 하는 것은 모두 주변의 일이다. 우리 사회 전체는 주변에서 살고 있다. 우리의 분별은 모두 지극히 표면적인 것이다.

나는 붓다의 위대한 제자 나가르쥬나(龍樹:Nagarjuna)를 생각한다. 그는 벌거벗고 생활을 했다. 어쩌면 나가르쥬나는 사상 최대의 논리학자일 것이다. 아리스토텔레스도 비할 바 못되고 상카라도 문제가 되지 않는다. 나가르쥬나의 논증은 지극히 정밀하다. 그는 아름다운 사람이었다. 왕이나 왕비들도 그의 제자가 되었다. 한 도시의 왕비도 그의 제자였다. 그 왕비가 나가르쥬나에게 말했다.
"제게 선물을 주세요. 당신의 탁발 그릇을 간직하고 싶습니다."
나가르쥬나가 말했다.
"그러죠. 드리겠습니다."
왕비가 말했다.
"아직 제 얘기가 끝나지 않았습니다. 저는 당신이 대신 쓸 탁발 그릇을 마련해 두었습니다. 당신이 주신 탁발 그릇은 보물로 간직하겠어요. 내겐 세상에서 가장 귀중한 것이니까요. 그래서 저는 당신을 위해 탁발 그릇을 만들었으니 거절하지 마세요. 당신은 받아주어야 합니다."
그가 말했다.
"아직 구경도 못했는데요."
왕비가 말했다.
"구경을 했든 못했든 상관없습니다. 먼저 약속부터 해주세요. 꼭 받겠다고."

그가 말했다.

"좋습니다. 꼭 받겠습니다."

왕비는 그릇을 내보였다. 그 그릇은 다이아몬드를 촘촘히 박은 순금으로 만든 것이었다.

나가르쥬나가 말했다.

"그대는 상황을 잘 모르는 것 같군요. 어찌됐든 몇 시간 정도는 곁에 놓고 있겠소. 벌거벗은 남자가 다이아몬드를 박은 순금 그릇을 들고 다닌다면 어떻게 생각하겠습니까? 하지만 일단 약속한 것이니까 받아들이겠소."

도둑 하나가 이들의 대화를 계속 엿듣고 있었다. 도둑은 나가르쥬나의 뒤를 밟았다. 도둑은 이 남자가 마을 밖 황폐한 절에서 살고 있으며, 오후 식사를 끝내면 곧 잠을 잔다는 것을 알고 있었다. 그 때가 탁발 그릇을 훔쳐 도망갈 절호의 기회다. 어쨌든 누군가 훔치게 될 것은 뻔하니까…….

그래서 그는 절까지 뒤를 밟아 창가 벽 아래 몸을 숨기고서 다른 사람이 안에 들어가지 못하도록 망을 보고 있었다. 나가르쥬나는 누가 자기 뒤를 밟았다는 것을 충분히 알고 있었다.

"그를 일부러 기다리게 해서는 안되겠다. 어찌됐든 내가 잠이 들면 탁발 그릇을 가져 갈 테니까. 지금 즉시 그에게 그릇을 주는 것이 좋겠다. 그를 도둑으로 만들 필요는 없으니까."

그래서 그는 탁발 그릇을 도둑이 앉아 있는 창 밖으로 내던졌다.

도둑은 믿을 수가 없었다. 이 작자는 실로 묘한 사람이다. 도둑은 잠깐이나마 이 사람의 발 아래 앉고 싶다는 이상한 기분이 들어서 창 너머로 물었다.

"들어가도 되나요?"

나가르쥬나가 말했다.

"무엇 때문에 탁발 그릇을 내던졌다고 생각하는가? 그대의 의도를 알기 때문이다. 자, 들어오게나. 그건 초대를 한 것이니까."

도둑은 영문을 몰랐지만 이 사람에게 강한 감명을 받았다. 나가르쥬나가 말했다.

"나는 그대를 도둑으로 생각하지 않았다. 내가 탁발 그릇을 던진 것은 그 때문이다. 자, 그 그릇을 갖고 가게나."

도둑이 말했다.

"이 그릇은 매우 귀중한 것인데……. 당신은 자기 자신을 정복한 사람 같습니다. 나도 언젠가는 도둑이 아니라 당신 같은 사람이 되고 싶습니다."

나가르쥬나가 말했다.

"왜 미래로 미루는가? 비결은 간단하다. 그대는 즉시라도 그렇게 될 수 있다."

도둑이 말했다.

"당신은 모르고 계십니다. 나는 도둑입니다. 나면서부터 도둑이죠. 나는 유혹을 거역할 수 없습니다."

나가르쥬나가 말했다.

"그런 것은 전혀 문제가 되지 않는다. 도둑인 채로도 좋다. 그대에게 간단한 명상을 가르쳐 주겠다. 무엇을 하더라도, 예컨대 궁전에 들어가 도둑질을 할 때도 자신이 하고 있는 일을 주시하는 주시자가 되라. 나는 그대에게 도둑질을 그만두라고 하고 싶지 않다.

그대는 하고 싶은 것을 하라. 다만 완전한 각성을 가지고 하는 것이다. 오직 주시자로 주시하기만 하면 된다."

도둑이 말했다.

"아주 간단하네요. 나는 많은 성인들을 찾아보았지만, 그들은 '우선 도둑질을 그만둬라. 그렇지 않으면 종교적이 될 수 없으니까'

라고 말할 뿐입니다. 도둑질을 하라고 말한 분은 당신이 처음입니다."

나가르쥬나가 말했다.

"그대가 만난 성자들은 성자가 아니다. 성자라면 그대에게 도둑질을 그만두라고 말하지 않는다. 나는 그대에게 도둑질을 완벽하게 하라고 말한다. 오직 주시자로 자신을 주시하기만 하면 된다."

도둑은 나가르쥬나의 책략을 이해할 수 없었다. 3, 4일이 지나자 그는 다시 돌아와서 말했다.

"당신은 정말 교활합니다. 이 4일 동안 도둑질할 기회는 많았지만, 뭔가 훔치려고만 하면 갑자기 손에 힘이 빠져 버리고 맙니다. 자신이 도둑질하고 있는 것을 주시하면 아무래도 꺼림칙해 그 즉시 손을 거두고 맙니다. 4일 동안 나는 단 한 개의 물건도 도둑질할 수 없었습니다."

나가르쥬나가 말했다.

"그건 그대의 문제다. 나와는 아무 상관이 없다. 선택한 것은 그대다. 주시를 선택해도 좋고 도둑질을 선택해도 좋다."

도둑이 말했다.

"이 4일 동안 나는 비로소 자신의 존엄성을 느낄 수 있었습니다. '주시'를 버리는 것은 불가능합니다. 나는 당신을 따르겠습니다."

'주시'는 끝내 그대를 중심으로 되돌려 놓는다. 중심에서 그대는 하나의 붓다이다. 주변에서 그대가 누구인지는 상관이 없다. 일단 중심에서 살기 시작하면 그대의 주변부는 서서히 색채가 변하기 시작한다. 주변은 중심에 있는 당신처럼 순수해진다. 주변은 중심에 있는 당신처럼 자비가 깊어진다. 그대의 모든 행위 속에는 중심의 향기가 배어들게 된다.

스승의 일갈(一喝)

참된 종교는 도덕을 설하지 않는다. 도덕은 저절로 나타난다. 참된 종교는 자기 자신의 중심에 머물 것을 가르친다. 그때는 일체의 선(善)이 따르게 되며, 악한 것은 절대 나타나지 않는다. 그것은 선택의 문제가 아니다. 그대는 무조건 선하다. 그대가 선한 행위를 하고 있다는 것이 아니다. 그 이외의 태도가 불가능한 것이다.

이것이 선(禪)의 기적이다.

선(禪)은 단순히 주시하는 것을 의미한다.

선사들의 할은 그대를 중심으로 되돌려 놓는다. 그리고 일단 중심에 거주하는 것을 배우면, 자기가 주변에서는 늘 거지이며 중심에서는 항상 제왕이라는 것을 알게 된다. 그렇다면 누가 거지로 남으려 하겠는가?

종교는 거지를 제왕으로 변화시키는 연금술이다.

위대한 선 시인 이큐(一休)는 읊고 있다.

미친 사람이 미친 바람을 일으키면서
여기저기 술집과 유흥가를 헤매고 있다.
나와 한마디라도 건넬 수 있는
눈 뜬 중이 있는가?
나는 남쪽을 장식하고 북쪽을 장식하고
동서를 장식하면서 떠돈다.

그는 말한다.
"사람들은 나를 미치광이로 생각하고 있다……."

미친 사람이 미친 바람을 일으키면서

여기저기 술집과 유흥가를 헤매고 있다.

참된 각자(覺者)는 술집이나 유흥가를 두려워하지 않는다. 두려워하는 성자는 실제로는 억압된 사람들이다. 그들은 변형을 이룬 존재가 아니다.

나와 한마디라도 건넬 수 있는
눈 뜬 중이 있는가?

깨달은 사람은 절대 자유 속에 저자 거리를 돌아다닐 수 있다. 세간을 버리는 자는 겁쟁이나 도피주의자다. 그들이야말로 세상의 모든 종교를 파괴한 무리들이다. 모든 종교는 겁쟁이들의 수중에서 놀아나고 있다.

참된 종교인은 사자다. 그는 자기 자신의 중심에 확고히 안주하고 있기 때문에 어디에 있어야 할지 번뇌하지 않는다. 스스로의 순수함, 영원성, 신성을 깊이 확신하고 있기 때문에 도둑이 오더라도 그 도둑이 변해야 함을, 창녀가 오더라도 그 창녀가 변해야함을 알고 있다.

그러나 소위 성자들은 대단히 두려워하고 있다. 그 두려움은 그들 자신의 억압을 나타낸다. 억압된 인간은 종교적 인간이 아니다. 그는 단지 병자일 뿐이며, 정신의학적 치료가 필요하다.

마니샤의 물음

음악, 시, 춤을 향한 우리들의 사랑, 사랑 자체를 향한 우리들의 사랑 — 그것은 사라져 버리고 싶은 충동이 우리 내부에 있음을 암시하고 있는 것이 아닐까요? 만약 그렇다면 소멸의 기술인 명상이 아주 자연스럽게 우리들 곁을 찾아오지 않는 것은 어찌된 일일까요?

마니샤, 음악과 시, 춤, 사랑은 도(道)의 반쪽일 뿐이다. 그대는 잠깐 동안 사라지지만 이내 되돌아온다. 더구나 그 순간은 지극히 짧다…….

위대한 무용가 니진스키(Nijinsky)는 이렇게 말했다.

"나의 춤이 절정에 달했을 때 나는 더 이상 존재하지 않는다. 존재하는 것은 춤뿐이다."

그러나 이것은 아주 짧은 순간에 일어난다. 즉시 그대는 처음 상태로 돌아온다.

내 생각을 말한다면, 시, 음악, 춤, 사랑, 이런 것은 모두 명상의 빈약한 대용품에 지나지 않는다. 훌륭하고 아름답겠지만 그것이 명상은 아니다. 그리고 명상은 그대에게 자연스러운 것으로 여겨지지 않는다. 왜냐하면 명상 속에서 그대는 영원히 사라져 버려야 하기 때문이다. 다시 되돌아오게 되지 않는다. 바로 이것이 두려움을 낳는다.

명상은 하나의 죽음이다. 현재 그대를 이루는 모든 것의 죽음이다. 물론 부활이 있다. 하지만 부활은 그대가 자기 내부에 숨겨져 있는 것조차 알아채지 못할 정도로 완전히 새롭고 신선한 본래적 실존이다.

시나 음악, 춤 속에서 그대는 아주 짧은 순간 동안만 자신의 인격을 벗어나 스스로의 '개체성'에 닿는다. 그래도 그대가 두려워하지 않는 이유는 그 현상이 일순간 일어났다가 되돌아가기 때문이다.

명상을 하다가 그 명상 속으로 일단 사라져 버리면 그대는 완전히 소멸해 버린다. 그렇다면 설사 부활한다 해도 그대는 완전히 별개의 인간이 된다. 과거의 인격은 어디에서도 찾아볼 수 없다. 그대는 다시 처음부터 삶을 시작해야 한다. 그대는 신선한 눈으로, 완전히 새로운 가슴으로 모든 것을 배우기 시작해야 한다. 명상이 두려움을 불러일으키는 것은 이 때문이다.

『우파니샤드』에는 '스승은 죽음이다'라고 쓰여 있다. 그러나 이 문장은 아직 완결된 것이 아니다. 스승은 죽음이기도 하지만 동시에 부활이다. 스승은 명상 이외에는 아무 것도 아니다. 스승은 그대에게 명상을 줄 뿐이다. 그 밖에 할 수 있는 것은 아무 것도 없다.

스승의 일갈(一喝)

그는 그대에게 죽고 나서 다시 부활하기 위한 명상을 준다.

명상가가 음악을 연주할 수도 있다. 하지만 그 연주는 완전히 다른 의미를 갖게 된다. 명상가가 시를 쓸 수도 있다. 하지만 그때 그 시는 단순한 언어의 나열이 아니게 된다.

그 시는 표현할 수 없는 것을 표현할 것이다. 명상가는 어떤 것이라도 할 수 있지만, 거기에 새로운 기품, 새로운 아름다움, 새로운 의미를 가져다 줄 것이다.

음악이나 시나 춤이나 사랑이 그것으로만 끝나면 명상의 장애가 될 수도 있다. 먼저 명상이 선행되야 한다. 그 뒤에 탁월한 시나 탁월한 음악이 나온다면 좋다. 그때, 그대는 단순한 장인이 아니다. 그대는 속이 비어 있는 피리가 된다. 우주가 그대를 통해 노래하고, 그대를 통해 춤출 것이다. 그대는 알아차리는 자에 불과하다. '존재'가 스스로를 표현하고, 그대는 속이 비어 있는 피리가 된다.

명상은 그대를 속 빈 대나무로 만든다. 그리하여 그 빈 상태를 통해 무언가 일어날 것이고, 그대의 비어 있는 가슴은 '존재' 자체에 속하게 된다. 그때는 '존재'가 노래를 한다. '존재'가 부르는 노래는 아주 드물다…….

예를 들면 『구약성서』 속의 「솔로몬의 노래」는 '존재'가 부른 노래다. 실로 이상한 일이지만 유태인은 「솔로몬의 노래」를 화제로 삼으려고 하지 않는다. 그 노래는 대단히 아름답고 진실하다. 그러나 거짓, 속임수, 위선으로 가득 찬 이 세계에서 진실한 것은 모두 의심받는다.

『우파니샤드』 『도덕경』 같은 극소수의 경전들……. 그리고 일부의 고전 음악은 '존재' 자체로부터 내려왔으며, 음악가는 단순히 악기에 불과했다. 그는 그것이 형태를 취하는 것을, 자신을 통해 형태가 생기는 것을 허용했을 뿐이다. 내가 보는 바로는, 시, 음악,

사랑, 춤이 소위 종교적 의식보다도 훨씬 종교적인 행위이다. 왜냐하면 그것들은 적어도 그대로 하여금 진리를 힐끗 보게 해주기 때문이다. 그 일별을 따라가면 그대는 명상에 들게 된다.

명상이 직접적이고 자연스럽게 일어나지 않는 것은 죽음에 대한 두려움 때문이다. 죽음 후에 반드시 부활할지 여부를 그대로서는 알 수 없다. 바로 그 지점에서 그대에겐 약속과 확신을 줄 수 있는 스승이 필요하다. '걱정하지 마라. 사멸하는 것은 그대가 아니다. 현현하는 것이 그대 본래의 실존이다'라고 말하는 스승이.

하지만 누군가를 신뢰할 수 있어야 비로소 그대는 스승을 얻을 수 있다. 그대는 대단히 위험한 길에 들어서게 된다. 명상만큼 위험한 것은 없다. 그대에겐 실제로 길(道)을 체험하고, 그 길을 여행하고, 몇 번이나 오고 간 적이 있는 사람이 필요하다. 격려하고 고무하고, 도약이 가능하다는 확신을 심어 줄 수 있는 사람이 필요하다.

2.
비어 있는 마음

어느 날 임제가 말했다.

"나에게 오는 사람을 나는 단 한 사람도 잘못 보지 않는다. 상대가 어디에서 오는지 정확히 알아본다. 특정한 모습으로 오는 자는 마치 자기 자신을 잃어버린 것과 다름이 없고, 특정한 모습으로 오지 않는 자는 끈도 없이 자기를 묶어 버리는 것과 같다. 언제 어떠한 경우라도 함부로 억측하지 마라. 이해를 했거나 못했거나 모두 잘못된 것이다. 나는 이것을 분명히 말한다. 세상 사람들이 제멋대로 나를 비난해도 상관없다."

선사는 또 말했다.

"한마디 한마디(一句)에 세 가지 신비의 문(三玄門)을 갖추어야 한다. 또 그 신비의 문 하나하나가 세 가지 정수(三要)를 갖추어야 한다. 바로 거기에 방편이 있고 작용도 있다. 그대들은 이를 어떻게 이해하는가?"

선사는 이 말을 마치고 법좌에서 내려왔다.

마니샤, 임제는 옳다. 그대의 걸음걸이, 그대의 말씨, 그대의 보는 방식, 이 모든 행위는 그대의 내적인 현실을 나타내고 있다. 주변에 나타난 것은 모두 중심에서 온 것이기 때문이다.

임제는 말한다.

"나는 상대를 훤히 알아볼 수 있다. 걸음걸이나 말씨만을 보고서도 그가 깨달음을 얻었는지의 여부를 알 수 있다."

임제의 이 말은 '깨달음'이 지적 현상이 아니라 실존적인 것임을 의미하는 것으로, 주목할 만한 가치가 있다. '깨달음'은 그대의 전 존재를 변형시킨다.

따라서 그대가 무엇을 하든, 그 행위가 어떤 것인지는 문제가 되지 않는다. 아무 것도 하지 않고 단지 앉아 있기만 해도 '깨달은' 사람은 속지 않는다. 그는 그대의 실존을 곧바로 꿰뚫어 볼 수 있다. 침묵을 하든 말을 하든 상관없다. 설사 잠을 자고 있을 때라도 …….

깨달음을 얻은 사람의 잠은 깨달음을 얻지 못한 사람의 잠과는 다르다. 이것은 진실로 말을 하든 행위를 하든, 침묵을 지키든 일체가 우리들의 실존으로부터 나타난 것임을 의미한다. 이러한 파동은 모두 중심 자체에서 온다.

깨달음을 얻지 못한 사람은 주변에 다른 오라를 빚어낸다. 그에게는 존재감이 없어서 거의 존재하지 않는다고 말할 수 있다. 그는 몽유병 환자다. 잠 자면서 걷는 사람 같고, 어둠 속에서 걸려 넘어진 사람 같다.

깨달음을 얻은 사람은 그 내적 실존이 오로지 빛으로 가득 차 있는 사람을 말한다. 걸려 넘어지는 일도, 우왕좌왕하는 일도 없다. 그에겐 선택해야 할 것이 없다.

이것을 나는 강조하고 싶다. 깨달음을 얻은 사람은 선택이 없다.

무엇이 선인지, 무엇이 악인지 선택할 필요가 없다. 그의 내면에서 자연스럽게 나타나는 것은 어느 것이나 반드시 선하고 아름다우며, 비할 바 없는 기품으로 차 있다. 그의 행위(行爲)와 무위(無爲) 일체는 그 자신에게 축복일 뿐만 아니라, 전세계에도 축복을 내릴 수 있을 만큼 거대한 축복으로 가득 넘치고 있다.

깨달음을 얻은 사람은 풍요로운 우주적 실재의 일부가 된다. 그는 이제 작고 협소한 외로운 섬이 아니다. 그는 광대한 대륙이다. 그는 더 이상 '개체'가 아니다……. 먼저 그는 스스로 인격을 벗어버리고 '개체성'을 획득했다. 다음에 그는 그 '개체성'마저 벗어버리고 우주적 실재에 도달했다. 그는 어디에나 있으면서, 동시에 어디에도 있지 않다.

그의 주변 모든 것이 변화한다.

그러므로 이같은 사람을 만났을 때 그대의 통찰력이 명석하다면, 그대가 깨달음을 얻었다고 말할 필요가 없다.

조그만 일화가 있다.

고탐 붓다의 제자 중 한 사람인 만쥬슈리(文殊:Manjushri)가 깨달음을 얻었다. 그는 20년 가까이 명상을 계속했다. 그리고 이미 깨달음을 얻은 사람들은 즉석에서 그의 깨달음을 인정했다. 사리풋타(舍利佛)가 그에게 말했다.

"왜 그대는 스승에게 가서 말하지 않는가?"

만쥬슈리가 웃으면서 말했다.

"인정받기 위해 스승에게 가야 한다고요? 나와 만나면 스승은 반드시 알아볼 것입니다. 내가 그걸 말할 필요는 없죠."

사실 만쥬슈리의 말 그대로였다.

다음날 아침 고탐 붓다는 아침 산책을 나갔을 때 만쥬슈리가 늘 명상하고 있는 나무 곁으로 왔다. 붓다는 발을 멈추고 주변을 멀리

쳐다보며 말했다.

"만쥬슈리, 그대는 와서 스스로 '깨달음'을 선언해야 했다. 그대는 불을 숨길 수 있다고 생각하는가? 그대의 주변에 온통 '깨달음'을 선언하는 불꽃이 일어나고 있다. 그대 주변의 꽃이 모두 웃고 있다. 무지한 자들은 그것을 볼 수 없을 테지만, 깨달음을 얻은 사람이라면 그대가 말 안해도 누구나 그대를 인정할 것이다."

만쥬슈리는 붓다의 발 아래 엎드려 말했다.

"제가 당신에게 가지 않은 것은 그 때문입니다. 그 깨달음이 진정한 것이라면, 환각에 사로잡힌 것이 아니라면, 깨달음을 얻었다고 공상하는 것이 아니라면 내가 가서 고하기보다는 붓다께서 스스로 인정해 주는 쪽이 낫기 때문입니다. 붓다께서는 자기 밑에서 깨달음을 얻은 수백 명의 사람을 알고 있습니다. '깨달음'을 인정하지 않고 제 곁을 그냥 지나치신다면 아직 때가 오지 않았음을 말해주는 것입니다."

이런 일은 한 번만이 아니었다. 왜냐하면 고탐 붓다 밑에서는 다른 어느 누구 밑에 있는 것보다도 많은 사람들이 깨달음을 얻었기 때문이다. 일만 명의 승려들이 늘 그를 따랐다. 그들은 하루 종일 오직 명상만을 하면서 일심으로 자기 마음을 주시하고 있었다. 때가 오면, 시절인연이 도래하면, 적절한 순간이 찾아오면…… 그들은 차례차례 폭발하기 시작했다.

내 경험을 비추어 보더라도 그것은 지극히 유발하는 힘이 강한 과정이라 할 수 있다. 한 사람이 깨달음을 얻었을 때 그대가 그 곁에 앉아 있다면, 그대 내면에서 무엇인가 유발된다. 변형된 그의 에너지 자체와 감응함으로써 그대의 에너지 또한 움직인다.

'깨달음'은 달성해야 하는 것이 아니다. 깨달음은 이미 거기에 있다. 그것은 우리의 본성 자체다. 세상에서 가장 단순한 것이지만, 바로 그 단순성이 깨달음을 가장 어려운 것으로 만들고 있다.

자기 자신의 내면에 들어가기 위해서는 다소나마 밀어주는 힘이 필요하다. 그 밀어줌이 물리적이 아니라도 좋다. 아니, 그것은 물리적이 아니다. 오히려 자력이나, 전기 같은 것이다. 눈으로 볼 수는 없지만, 상대가 충분히 준비되어 있으면 그것은 한 사람에게서 다른 사람에게로 옮아 갈 수 있다. 상대는 그 폭발에 놀랄 것이다.

고탐 붓다는 그의 밑에 모인 일만 명의 사람들이 일편단심 에너지 장을 만들어 가는 것을 허락했다. 그대보다 한 걸음 앞선 자도 있고 두 걸음 앞선 자도 있다. 폭발 직전의 사람도 있다. 만약에 폭발하면 그는 연쇄 반응을 일으킬 수 있다. 그러면 바로 뒤에 있는 사람들에게도 그 불이 당겨질 수 있는 것이다. 이 때문에 선에서는 이를 등불의 전달, 빛의 전수라고 부르는 것이다.

그러나 아무나 깨달은 사람의 흉내를 낼 수는 없다. 그것은 불가능하다. 왜냐하면 '깨달음'에는 특정한 형태가 없기 때문이다. 깨달음을 얻은 존재는 한 사람 한 사람이 너무나 독특하기 때문에 흉내내는 것은 불가능하다. 흉내를 내면 자기 자신으로부터 멀어지게 된다. 흉내내면 흉내낼수록 깨달음을 얻을 가능성은 적어진다.

그러므로 사람들은 깨달음을 얻은 사람과 함께 있는 방법을 배워야 한다. 그것은 습득할 수 있는 것도 아니며, 훈련이나 계율과 비슷한 것도 아니다. 단지 수용적인 자세만이 필요하다. 스승이 그대 안에 들어가는 것을 허락하는 열린 자세가.

우리들은 통상 몹시 두려워하고 있다. 서로 거리를 두면서 자기 방어를 계속하고 있다. 누가 자기 감정을 다치게 하지 않을까 두려워하고 있다. 방어가 필요하다. 누가 모욕할지도 모르며, 누가 해를 끼칠지도 모른다. 그래서 우리는 자기 주변에 줄줄이 방어책을 강

구해 놓는다. 심지어 사랑하는 사람에게조차 어느 정도 거리를 두게 된다.

아돌프 히틀러는 결코 결혼할 수 없었다. 왜냐하면 그는 잠자는 동안 어느 누구도 방에 들어오지 못하도록 했기 때문이었다. 그는 죽기 세 시간 전에 결혼했다. 그때는 적이 베를린을 폭격해 패망의 길이 눈에 보일 때였다. 패배는 이제 시간 문제였다.

그는 한밤중에 목사를 불러 결혼했다. 친구들이 그에게 말했다.

"죽음을 앞에 두고 있는 지금에 와서 결혼이라니……도대체 어찌된 일인가?"

"이젠 더 이상 위험이 없기 때문이다. 나는 결혼하고 나서 이내 죽게 된다. 이 여자는 늘 결혼하자고 졸라댔지만, 나는 계속해서 연기해 왔다."

이젠 어떤 방어도 필요없다. 결혼식을 거행한 직후 그들이 취한 행동은 함께 독을 마시고 저 세상으로 신혼여행을 가는 것이었다.

사람들에게는 항상 거리감을 두려는 두려움이 있다. 스승과 함께 있을 때는 마음을 다해야 한다. 자기 방어를 버려야 하는 것, 그것이 전부다. 그대는 마음을 열고 언제나 호응할 수 있는 상태가 되어야 한다. 문을 연 채로 두어야 한다. 적절한 순간이 오면 스승이 발을 들여놓을 것이다. 물리적으로 들여놓는다는 것이 아니라, 스승의 정신과 영적 에너지가 그대 실존에 새로운 춤을 불러일으킬 것이다.

임제의 말에는 깊은 뜻이 있다.

어느 날 임제가 말했다.

"나에게 오는 사람을 나는 단 한 사람도 잘못 보지 않는다. 상대가 어디에서 오는지 정확히 알아본다."

그가 말하려 하는 것은 상대가 오기 전에 있었던 장소가 아니다. 상대가 어느 공간에서 왔는지, 상대가 어느 공간에 있는지, 어떤 의식의 경지에 있는지를 말하려는 것이다.

"특정한 모습으로 오는 자는 마치 자기를 잃어버린 것과 다름이 없고……."

그는 비틀거리고 더듬으면서 오고 있다. 그의 표정, 그의 눈을 들여다보면 완전히 자기를 상실했음을 알 수 있다. 그는 자신이 어디로 가고 있는지, 왜 가고 있는지 알지 못한다. 인류 대다수의 상황이 그렇다고 할 수 있다. 누구 한 사람 방향 감각을 갖고 있지 않다. 그들 모두가 더듬거리고 있을 뿐이다.
임제는 말한다.
"나는 결코 단 한 사람도 잘못 보지 않는다. 나는 상대가 어떠한 공간에서 왔는지, 어떤 공간에 있는지를 금방 알아본다. 나는 상대가 망설이고, 의심하고, 흔들리고, 길을 찾는 사람인지 아닌지, 빌린 지식으로 가득 차 있으면서 아는 척하는 커다란 에고를 갖고 있는지 여부를 알아본다."

"특정한 모습으로 오지 않는 자는 끈도 없이 스스로를 묶고 있는 것과 같다."

누구나 '나는 자유롭다'는 얼굴을 하고 있다. 누구 한 사람 수갑을 차고 있지 않으며, 끈으로 묶여 있지도 않다. 그러나 조금만 다가가서 보면 그대는 지나치게 많은 끈으로 묶여 있다. 그것이 그대를 어떤 방향으로 잡아당기고 있다. 게다가 거의가 모순된 방향으로 잡아당긴다. 그것이 분열된 인격을 만들어 내고 단편화된 인격을 만들어 낸다.

그대는 이 끈을 사랑이라 부를지 모른다. 그대는 이 끈을 야심, 욕망, 질투, 미움이라 부를 수도 있다. 뭐라 부르든 다를 게 없다. 그것은 모두 끈이다. 그대의 마음속에 무엇이 들어 있든 그것들은 모두 끈이 된다.

아무 것도 들어 있지 않은 마음만이 자유가 뭔지를 안다.

외부에서 보면 누구나 자유롭게 보인다. 허나 임제가 말하고 있는 것은 눈에 보이지 않는 끈이다. 그대는 이것을 이해할 수 있다. 자기자신의 끈을 볼 수 있다. 어머니나 아버지에 대한 집착, 아내나 남편, 자식들에 대한 집착, 친구와 적들에 대한 집착을.

마하트마 간디가 1948년 저격되었을 때였다……. 지나(Jinnah)는 나라를 둘로 나눠 이슬람 독립국을 만들기 위해 평생 동안 간디와 싸워온 남자였다. 그가 정원에 앉아 신문을 보는데, 비서가 급히 달려와 간디가 저격으로 사망했다고 알려왔다. 비서는 지나의 눈에서 눈물이 흐르는 것을 믿을 수가 없었다. 그는 아무 말없이 자기 방으로 돌아갔다.

실은즉 바로 그 순간 지나도 죽었던 것이다. 그는 병이 들어 다시는 자기 방에서 나오지 못했다.

그는 여러 번 질문을 받았다.

"왜 그렇게 병이 들었죠? 당신 건강은 더할 나위 없이 좋았는데, 간디의 뉴스가……."

지나가 말했다.

"이제 와서 보니 적과의 사이에서도 일종의 관계가 존재하는 걸 알겠다. 간디가 없다면 나 역시 존재하지 않는다. 간디가 힌두교도에게 저격당했다면 나 역시 언제라도 이슬람 교도에게 저격당할 수 있다."

그는 간디가 저격당할 때까지는 집 주변에 호위병을 두지 않았다. 그는 이렇게 말하면서 거절했다.

"이슬람 교도가 내 생명을 위협한다고 생각만 해도 어이없다. 나는 그들을 위해 싸워 왔으며, 그들에게 독립된 국가를 주기 위해 고군분투하고 있다."

그러나 간디가 죽던 그날, 그는 즉시 집 주변에 호위병을 두라고 명령했다. 그것이 그에게 그토록 큰 충격이었는지는 아무도 이해할 수 없었다. 그 자신도 이해할 수 없었다.

"간디가 죽었으니 마땅히 기뻐해야 옳다. 그러나 내 눈은 눈물로 가득 차 있다. 간디가 없어짐으로써 나는 나 자신을 상실하고 말았다. 그와의 싸움이 내 인생의 전부였다. 내 인생의 반이 끝나고 말았다. 이제 나는 불구의 인생을 살아야 한다."

그리고 그는 두 번 다시 건강을 회복하지 못했다. 그는 몇 달 뒤 죽었다.

자기 주변을 둘러보면 수많은 끈을 발견할 수 있다. 그것은 거의 그물과 같다. 만일 끈이 하나라면, 그 끈을 잘라내 자유롭게 되는 것은 간단한 일이다. 하지만 끈은 무수히 많다. 그대의 인격 전체는 그러한 끈으로 이루어졌다. 이 끈들이 그대를 포로로 만들고 있는 것이다. 그 끈들은 슬픔과 고뇌를 생산할 뿐, 자기의 존엄성과 주체성을 갖는 것을 허락치 않는다. 그러나 너무나 오랫동안 익숙해졌기 때문에 그 끈을 버리게 되면 마치 자기 자신의 존재를 잘라내는 듯한 느낌이 엄습한다. 그 끈들은 그대의 제2의 본성이 되어버린 것이다.

프랑스 혁명 당시 혁명군들은 훌륭한 일을 한다고 생각하면서 감옥 문을 열었다. 그 감옥에는 종신형을 언도받은 흉악범들만이 수용되어 있었기 때문에 죄수들의 수갑을 여는 열쇠가 없었다. 두 번 다시 자유의 몸이 될 수 없기 때문에 필요가 없었던 것이다.

수갑을 차고 족쇄가 채워지면 열쇠는 감옥 중앙에 있는 우물에 던져 버려졌다.

혁명군들은 죄수들의 수갑과 족쇄를 끊으려고 했다. 그런데 죄수들이 크게 저항하는 믿을 수 없는 일이 일어났다. 40년 이상 수감된 자도 있었고, 50년 이상 된 자, 심지어 70년 이상 된 자도 있었다.

죄수 중의 한 명이 말했다.

"지금 햇빛 아래 나간다 해도 내 눈이 견뎌내지 못할 거요. 우린 어두운 독방 속에서 살아왔으니까. 게다가 70년이 지난 지금에 와서는 세상이 아주 딴판으로 변했을 거요. 우리의 친구와 아내도 태반은 죽고 말았소. 아이들조차 우리를 몰라볼 것이오.

이곳에서 우리는 아주 기분 좋게 지내고 있소. 아무 일도 하지 않으면서 식사를 할 수 있소. 썩은 것이긴 하지만 매일 어김없이 식사가 제공되오. 먹기 위해 일하지 않아도 되오. 할일을 찾지 않아도 되고. 이제 우리는 다른 식으로 사는 것은 생각조차 할 수 없을 정도로 이 작고 어두운 독방에 길들여져 있소."

그러나 혁명군은 언제나 그렇듯이 고집이 센 무리들이다. 그들은 죄수들에게 강요했다. 죄수들의 수갑과 족쇄를 끊고 억지로 감옥 밖으로 몰아냈다. 그런데 경악할 만한 일이 벌어졌다. 저녁 무렵 그들 모두가 감옥으로 돌아왔던 것이다.

이 사건은 매우 중요하다. 프랑스 혁명보다도 훨씬 더 중요하다. 죄수들은 간절히 원했다.

"강요하지 마시오. 밖의 세계 따위는 우리에게 필요 없소. 70년이라는 커다란 갭이 있소. 우리는 여기서 충분히 행복한 생활을 해 왔소."

죄수 하나가 말했다.

"나는 족쇄 없이는 잠이 안 와요."

족쇄는 아이가 잠들 때 갖고 노는 곰인형처럼 된 것이다.

대부분의 사람들이 똑같은 상황에 처해 있다. 그대의 족쇄는 곰인형이 되고 말았다. 공항이나 역에서 언제나 눈에 들어오는 것은 땀으로 얼룩진 더럽고 냄새나는 곰인형을 끌고 다니는 아이들이다. 아이들이 곰인형을 손에서 놓지 않는 이유는 그것 없이는 잠들 수 없기 때문이다. 곰인형은 촉감이 아주 부드럽고 말대꾸도 하지 않는 아주 좋은 친구인 것이다. 우리들 모두는 이처럼 많은 끈에 길들여져 있다.

임제가 말한다.

"특정한 모습으로 오지 않는 자는 끈 없이 자신을 묶고 있는 것과 같다."

이젠 군중의 일부가 아닌, 이젠 군중에 의존하지 않는, 이젠 기독교도도 힌두교도도 불교도도 아닌 포효하는 사자처럼 홀로 오는 인간만이, 일체의 경전과 일체의 조건화를 내던진 인간만이 찬연히 빛나면서 온다. 그는 완전한 위엄을 갖춘 인간이다.

이 위엄은 비교에 기초한 것이 아니다. 남과는 전혀 관계가 없다. 상대적인 것이 아니다. 그 사람 자신의 본성이 활짝 피어나 도달한 것이다. 그는 모든 장애를 넘어섰다.

끈도 족쇄도 조건화도 갖지 않은 사람과 만난다면 즉시 그가 그대와는 다르다는 것을 알 수 있을 것이다. 그의 자유는 거의 만져질 만큼 분명하다. 그와 비교해 볼 때 그대의 예속성은 숨김 없이 드러나게 된다. 그대는 너무 많은 것의 노예가 되어 있다! 그대의 예속성은 다차원에 걸쳐 있다. 그러나 남들도 모두 그렇게 살고 있기 때문에 그대는 그런 삶을 계속 살고 있다. 그대는 그것이 유일한 삶의 방식이라고 생각하고 있다.

하지만 그것은 유일한 삶의 방식이 아니다. 실제로 그건 완벽한 삶의 방식이라 할 수 없다. 그런 삶의 방식으로는 삶을 놓친다. 스스로 잠재능력이 활짝 꽃피지 않는 한, 요람에서 무덤까지 억지로 끌려가듯 살아간다면 그대는 살았다고 할 수 없다.

언젠가 들었던 얘기다. 한 남자가 죽을 때 비로소 '아, 나는 살았노라'라고 느꼈다. 하지만 너무 늦었다.

대부분의 사람들은 죽음이 엄습할 때야 겨우 알아챈다.

"나는 사는 것같지 않게 살아왔다. 춤추지도 못했고, 꽃을 피우지도 못했으며, 자기 자신을 알지도 못했다. 그런 가운데 죽음이 오고 말았다."

그리고 죽음은 모든 문이 닫히는 것이다. 죽음에서 발생하는 일을 알 수는 없다. 또 미래는 존재하지 않는다. 내일의 계획을 세울 수는 없다. 깨달을 수 있는 기회, 각자(覺者)가 될 수 있는 큰 기회였던 어제는 이미 지나가 버렸다.

그대는 기회를 놓친 것이다.

임제는 또 말한다.

"언제 어떠한 경우라도 함부로 억측하지 마라. 이해를 했거나 못했거나 모두 잘못된 것이다."

이것은 너무나 중요한 말이다.

"이해를 했거나 못했거나 모두 잘못된 것이다."

보통은 이렇게 말한다.
"이해하는 것은 좋지만 이해하지 못하는 것은 좋지 않다."
하지만 나는 임제를 지지한다. 그는 옳다. 이해하고 못하고의 문제가 아니다. 그것은 자각의 문제이다.
예를 들면 장님은 빛이 어떤 것인지 지적으로는 이해할 수 있다. 그러나 그러한 이해가 무슨 소용이 있는가? 장님은 빛이나 색채에 대해 논문을 쓸 수도 있다. 그것도 지극히 논리적인 논문을. 하지만 그러한 이해가 무슨 소용이 있는가? 그는 한 번도 색깔을 본 적이 없다······. 하지만 이런 일이 현실 세계에서 벌어진다.
사람들은 신에 대해 쓰면서, 마치 신을 본 것처럼 자세히 서술하고 있다. 그리고 각자가 쓰는 신의 개념이 다르기 때문에 서로 논쟁을 그치지 않는다. 수천 년 동안 사람들은 신에 대해, 천국이나 지옥에 대해 논쟁해 왔다. 그러나 누구 하나 그것이 가설이라는 것을 알지 못하는 것 같다. 신을 본 자는 없다. 따라서 누가 '나는 신을 이해하고 있다'고 말한다 해도, 그것은 신을 이해하지 못하는 만큼이나 헛된 것이다.
문제는 직접, 곧바로 아는 것이다. 남의 체험이나 경전을 매개로 우회해서 아는 것이 아니라 진리와 하나가 되는 것이다. 진리를 빌릴 수는 없다. 진리는 일용품이 아니다.
그대가 진리로 화해야 한다.

비어 있는 마음

어떤 사람이 '나는 진리를 보았다'고 말한다면, 그것은 잘못된 것이다. 진리는 볼 수 없기 때문이다. 진리는 물질적인 것이 아니다. 신을 본다는 것은 불가능하다. 만약 보았다면 그것은 환각이다.

붓다가 제자들에게 '길에서 나를 만나면 망설이지 말고 내 머리를 베어 길 밖으로 던져 버려라, 그리고는 뒤도 돌아보지 말고 내 곁을 지나쳐라'라고 말한 것은 이 때문이다. 명상 속에서는 스승이 최후의 장애가 될 가능성이 항상 존재한다. 그것은 그대 최후의 연애이다. 다른 사소한 문제, 즉 심리적인 집착은 모두 끊을 수 있을 것이다. 하지만 이 최후의 끈을 그대는 어찌할 작정인가?

이런 일이 라마 크리슈나의 삶에서 일어났다.
라마 크리슈나는 위대한 헌신자였다. 그러나 헌신의 길은 공상으로 가득 차 있다. 마음은 스스로 최면술을 걸 능력이 있으며, 공상의 대상을 마치 눈앞에 떠올리듯이 볼 수 있다.

이슬람교도나 그리스도교도는 결코 크리슈나를 체험하지 못하고, 힌두교도는 결코 예수를 체험하지 못한다는 사실을 주목해야 한다. 그들은 모두 자신들이 공상하는 것, 자신들이 믿는 것, 자신들이 가정하는 것을 본다. 특정 신의 가설적 개념을 끊임없이 계속 강조하고 있으면, 마침내 어느 날엔가 그 가설이 현실로 되는 것을 보게 된다.

라마 크리슈나는 캘커타의 모신(母神)에게 귀의한 사람이었다. 그곳에 마침 깨달음을 얻은 사람, 토타뿌리(Totapuri)가 지나가고 있었다. 그는 라마 크리슈나를 보고, 그 가엾은 남자에게 크나큰 자비를 느꼈다. 그는 라마 크리슈나에게 말했다.

"그대는 어머니인 모신을 체험했다고 생각하는가?"
라마 크리슈나가 말했다.

"저는 그녀와 얘기한 적이 있습니다. 더구나 하루만 그런 것이 아니라 매일 그렇습니다."

그는 정직한 사람이었다. 그가 말하고 있는 것은 거짓이 아닌 진실이었다.

토타뿌리는 웃으면서 말했다.

"아니, 그 모신은 순수한 공상에 불과하다. 그것을 버리지 않는 한 그대는 결코 깨달음을 얻지 못할 것이다. 그러니, 자 앉게나. 내 오직 그대만을 위해 3,4일 간 이곳에 머무르겠다. 나는 그대가 그 모신을 버리는 데 도움을 주어야 한다."

자, 그것은 대단히 곤란한 일이었다. 라마 크리슈나는 그 모신 앞에서 춤추고, 전생애에 걸쳐 그녀를 사랑했다. 게다가 그는 전통을 중시하는 남자가 아니었다. 그는 더할 나위 없이 사랑에 가득 차고 더할 나위 없이 순진무구한 사람이었다. 그것이 한도를 넘었기 때문에, 그가 승려로서 열심히 예배하던 사원의 장로는 두 번에 걸쳐 라마 크리슈나를 불러 이렇게 말했을 정도이다.

"그대가 하는 짓은 기묘하다……."

우선 그는 여신에게 바칠 음식물을 자기가 먼저 맛보고서 공양하였다. 이는 힌두교 전통에 따르면 완전히 잘못된 것이다. 제일 먼저 신에게 바쳐야 했다. 그리고 나서는 나눠주든 먹든 상관이 없다.

그러나 라마 크리슈나는 말했다.

"내 어머니는 늘 본인이 제일 먼저 맛보고 나서 나에게 주었습니다. 나는 다른 사람의 의견 따위는 개의치 않습니다. 나는 먼저 맛보는 행동의 이유를 압니다. 그 이유는 바칠 만한 가치가 있는지를 가려내려는 것입니다. 맛은 좋은가? 단맛은 더 들어갔나 덜 들어갔나? 나는 먼저 맛보지 않고서는 바칠 수 없습니다."

그는 자주 모신과 싸웠다. 무슨 일이 일어나고 있는지는 아무도 알지 못했다. 그는 사원에서 3,4일씩 문을 닫고 모신에게 말했다.
"사원 안에 가만히 계세요. 당신은 귀의하는 사람들에게 아무 것도 해주지 않으니까요. 많은 사람들이 와서 당신에게 소원을 빌지만 그 기도는 단 하나도 이루어지지 않습니다. 저는 이 사원의 승려입니다. 저의 임무는 당신을 돌보는 것입니다. 문을 잠궜으니 사원 안에서 가만히 계십시오. 3,4일 후 또 만나죠."
장로가 말했다.
"그대는 급료를 받고 여기서 승려 생활을 하고 있는 것이다. 이곳에서 매일 예배하는 것이 그대의 할일이지."
라마 크리슈나가 말했다.
"그건 문제가 되지 않습니다. 문제는 모신께서 내 말을 들어주셔야 한다는 겁니다. 그녀가 내 말을 들어주면 나는 그녀를 위해 맛있는 음식을 준비하고, 많은 꽃을 바칩니다. 그녀가 기도드리는 사람들에게 진정 귀 기울인다면 나는 하루 종일이라도 춤출 겁니다. 하지만 그녀가 귀 기울이지 않고 고집을 부리면 나도 조금은 고집을 부립니다……."

토타뿌리는 라마 크리슈나에게 말했다.
"그대는 고요히 앉아 있게나. 내가 보기에 그대는 하나의 끈을 제외하고는 어떤 끈도 없네. 그러니 공상 속에 모신이 나타나면 칼로 내리쳐 두 동강이를 내게나. 모신이 떨어져 나가면, 그와 함께 그대의 마지막 장벽도 떨어져 나갈 것이네."
라마 크리슈나가 말했다.
"그 칼을 어디에서 구합니까?"
토타뿌리가 말했다.
"그대는 어디서 이 모신을 불러들였는가? 공상 속에서 모신이 나왔으며, 칼 역시 그 공상 속에서 나온다. 따라서 공상의 모신을 쳐내는 것은 역시 공상의 칼뿐이다."

그렇게 하는 데 3일이 걸렸다. 왜냐하면 그가 명상에 들어갈 때면 모신이 나타나서, 토타뿌리가 말한 내용을 까맣게 잊어버렸기 때문이다. 칼 따위는 몽땅 잊어버린 채 그의 눈에서는 눈물이 흐르기 시작한다. 그러면 토타뿌리는 그를 흔들면서 이렇게 말한다.

"뭘 하고 있는 건가?"

라마 크리슈나가 말했다.

"어쩔 도리가 없습니다. 일단 그녀가 눈에 보이면 너무나 아름답기 때문에…… 그녀를 억지로 쳐내라고 강요하지 마십시오."

토타뿌리가 말했다.

"아니, 곁에서 보아도 알 수 있다. 그대는 모신을 보는 즉시 얼굴이 변한다. 여기 유리 조각을 갖고 왔다. 그대가 모신을 보고 있다고 느끼면—그건 눈물이 흐르기 시작하고, 얼굴 빛이 아름답게 변하는 것으로 알 수 있다—그대 제 삼의 눈이 있는 이마 한가운데를 유리로 베겠다. 이는 어쩔 수 없이 하는 일이다. 나는 내일이면 떠나기 때문이다. 더 이상 시간을 허비할 수 없다. 이번이 마지막 기회이다. 내 말을 따르든지, 아니면 나와 결별하든지 둘 중 하나를 택하라."

그리고 나서 토타뿌리는 다시 말했다.

"내가 그대 얼굴을 베서 피가 흐르게 되면 망설여선 안된다. 그 즉시 칼을 잡고 모신을 베어라."

라마 크리슈나는 모신을 베고 나서 6일 간 침묵 속에 있었다. 토타뿌리도 6일 간 그곳에 머물렀다. 이윽고 눈을 뜨고 나서 라마 크리슈나는 토타뿌리에게 감사하면서 말했다.

"당신이 오지 않았다면 저는 평생 환상을 보면서 지냈을 겁니다.

이제, 나의 마지막 장벽이 제거되었습니다."
 라마 크리슈나는 그 마지막 장벽을 없앤 뒤에 깨달음을 얻었다. 그런데 라마 크리슈나의 신자들조차 이 사건을 화제로 삼으려 하지 않는다. 이 사건에 의해 예배라는 노력 전체가 무의미하게 되고 말기 때문이다. 어찌 되었든 마지막에 없애야 하는 것이라면 도대체 왜 처음부터 그것을 시작하는가?

 이해할 필요는 없다. 이해는 지적인 것이기 때문이다. 또 이해하지 않는 것도 필요 없다. 그것 역시 지적인 것이니까. 그대는 유신론자일 수도 있고 무신론자일 수도 있다. 허나 어느 쪽이든 큰 차이는 없다. 어느 쪽이나 지적인 견해다. 그대는 양쪽을 다 버려야 한다. 어떤 선입관도 갖지 않고, 어떤 가설도 갖지 않고, 어떤 신앙 체계도 없이 보아야 한다. 그때 비로소…… 그렇게 하면 진리를 보는 것이 아니라 그대가 진리 자체가 된다.
 그리고 진리 자체로 화하지 않는 한, 그대는 깨달음을 얻을 수 없다.
 따라서 그 차이를 보라. 그것은 신을 본다는 문제도 아니고, 붓다를 본다는 문제도 아니다. 지금 붓다로 '화하는' 것만이 문제인 것이다.
 '보는 자', '보여지는 대상', '보는 과정', 이 세 가지가 따로 존재하는 것은 아니다. 존재하는 것은 오직 하나뿐이다.
 그대가 '그것'이다.
 이는 고탐 붓다가 세상에 가져 온 가장 심원한 지혜이다.
 임제는 말하고 있다.

 "나는 이것을 분명히 말한다. 세상 사람들이 제멋대로 나를 비난해도 상관없다."

선사는 다시 말했다.

"한마디 한마디(一句)에 세 가지 신비의 문(三玄)을 갖추어야 한다. 또 그 신비의 문 하나 하나가 세 가지 정수(三要)를 갖추어야 한다. 바로 거기에 방편이 있고 작용도 있다. 그대들은 이를 어떻게 이해하는가?"

선사는 이렇게 말하고는 법좌에서 내려왔다.

세 가지 신비란 무엇인가? 우리들의 체험은 '관찰하는 자', '관찰되는 대상', '관찰하는 과정' 셋으로 나뉘어 있다. '아는 자', '알려지는 대상', '아는 과정'으로 바꿔 놓아도 상관이 없다. 이 세 가지 신비가 하나가 되지 않는 한, 관찰자가 관찰되는 대상이 되지 않는 한…….

그대 자신이 신으로 화하게 되면 일체의 신비는 사라진다. 그렇게 되면 전 존재가 백일하에 그대 앞에서 열린다. 모든 문이 활짝 열리면서 단 하나의 숨김도 없다. 존재의 광휘 전체가 들어온다. 허나 그것은 절정에 달한 의식에 대해서만 열려 온다. 그 경지에는 주체도 없고 객체도 없고 주객 상호간의 관계도 없다. 그 경지에서 세 가지는 하나가 된다.

이 '하나된 경지'가 불성(佛性), 즉 그대의 본성이다.

이 '하나된 경지'에서 그대는 단편적인 조각이 아닌 우주 전체의 일부가 된다. 그것은 불가사의한 체험이다……. 이슬 방울이 바다로 사라질 때 '바다의 일부가 되었다'고 말한다. 그러나 사실은 이슬 방울이 바다 자체로 화한 것이다.

일부가 되었다는 말은 옳지 않다. '부분'은 아직 분리 상태로서의 거리가 있다. 그러나 순수하게 하나가 되는 것은…….

윌리엄 제임스는 이것을 '대양 체험(The oceanic experience)'이라는 실로 적절한 언어로 표현하고 있다. 그대는 대양 전체가 된다.

임제는 '나는 비난받을 것이다'라고 말한다. 귀의하는 모든 사람들로부터 비난받고, 자기와 신 사이에 거리를 두고 있는 모든 사람들로부터 비난받을 것이다. 자신이 성스러운 본래적 실재 안에 있는 것을, 전 존재가 신성한 춤임을 이해할 수 없는 모든 사람들로부터 비난받을 것이다. 그러나 임제는 또 이렇게 말한다.

"비난받아도 상관없다. 나는 진실을 말할 수밖에 없다."

선은 어떤 신앙도 갖지 않은 채 진리를 보는 유일한 길이다. 이미 신앙을 갖고 있으면 그 신앙이 장애가 된다. 인간은 완전히 무신앙이어야 한다. 나는 불신앙이라고 말하지 않는다. 그것 역시 신앙과 다르지 않다. 신앙과 불신앙은 어찌 되었든 모두 신앙 체계이다. 유신론자와 무신론자는 어찌 되었든 하나의 개념, 하나의 가설의 양극단이다. 한쪽은 '예스'라 하고, 또 한쪽은 '노'라 말하고 있다. 둘 다 모두 진리와는 상관이 없다.

진리는 부정할 수도 없으며, 어떤 증거나 증명을 제시할 수도 없다. 사람은 진리로 살아나가야 한다. '삶' 자체가 유일한 증거이다. 스스로 진리로 화하는 지점에 도달하게 되면 그의 행위 일체는 명백히 변할 수밖에 없게 된다. 그의 생활 양식 전체가 변화하게 된다.

임제는 옳다. 그는 누가 절에 들어오든 그 사람이 어떤 공간에 있고 어디에 끈을 두고 있는지 즉각 알아낼 수 있다. 그 사람의 삶에는 방향성이 있는가, 아니면 표류하는 뗏목처럼 무턱대고 나가는 것일까? 가치 있는 것이나 생의 의미를 시시각각 놓치고 있음을 조금이라도 의식하고 있는 것일까, 아니면 오직 잠든 상태에서 궁극의 질문 따위는 까맣게 잊고 허겁지겁 살고 있을 뿐인가?
위대한 선 시인 이큐는 이렇게 말한다.

숲과 들, 바위와 풀이 나의 동반자
이 '미친 구름(狂雲)'의 '악도(惡道)'는 변함이 없네.
범인들이 나를 바보라고 불러도 상관없다.
나는 이미 자신을 '외도(外道)', '마(魔)'라고 부르므로
죽은 뒤에라도 새로운 벌은 남아 있지 않을 테니까.

진리의 인간은 반드시 비난받게 된다. 왜냐하면 우리의 모든 삶은 허망한 위로에 의해 존속되고 있기 때문이다. 우리는 모두 종교가 제공하는 마약에 취해 있다. 한 사람이 이 잠든 상태에서 벗어나자마자 군중 전체가 적으로 화한다. 왜냐하면 그의 행동은 더 이상 군중과 어울릴 수 없게 되었기 때문이다.
군중은 누구든지 다른 행동을 하는 자는 용서하지 않는다. 혹시 그쪽이 옳을지 모른다는 커다란 두려움을 갖고 있기 때문이다. 그리고 그는 올바로 본다. 그의 아름다움과 기품이 변화를 이룬다. 그의 언어에는 이전에는 없었던 권위가 갖추어져 있다. 그의 침묵은 깊고 새로운 에너지의 오라에 감싸여 있다.
이것이 사람들에게 큰 두려움을 갖게 한다. 그것은 '이 작자는 옳을지 모른다, 그렇다면 우리는 삶 전체를 놓치는 격이 된다, 어떻게 해서라도 이 작자를 없애야 한다'라는 두려움이다. 소크라테스는 독을 마시고, 알힐라즈 만수르(al—Hillaj Mansoor)[1]가 처형을

---

1) 이슬람의 수피 신비주의자. 신비 체험을 한 후 '나는 신이다'라고 선언했다가 신성모독으로 처형당했다.

당하게 된 데에는 그럴만한 이유가 있다. 그 밖에도 돌에 맞아 죽거나 산 채로 화형당한 사람들이 많다. 진리를 터득한 것이 그들의 유일한 죄다.

이제 방금 생각난 이야기이다. 금세기 초 남아메리카에서 조그만 부족이 삼림 깊은 곳에서 살고 있음이 발견되었다. 대략 300명쯤 되는 부족이었다. 그 부족은 전체가 장님이었다. 그들은 자기네들이 장님이라는 사실조차 몰랐다. 눈으로 보는 인간은 한번도 만난 적이 없었기 때문이다. 게다가 원래부터 눈이 보이지 않기 때문에 본다는 것 자체가 논외였다.
한 학자가 이 소식을 들었다. 그래서 그는 숲에 들어가 그들을 이해하기 위해 그들과 함께 살았다. 그러나 장님이라는 말로 그들을 상처 주지 않기 위해서 남들과 전혀 다름없이 행동하였다. 그는 모두가 장님인 원인이 특정한 파리 때문이라는 걸 알아냈다. 생후 6개월 미만의 아이들이 그 파리에 물리면 장님이 되고 마는 것이다.
따라서 어릴 때는 눈이 보였지만 그 파리는 어느 집, 어디서나 쉽게 발견되는 흔한 파리였기 때문에 단 한 사람도 피할 수 없었다. 게다가 네 살까지의 일을 알고 있는 자는 없다. 기억력이 좋은 자라도 세 살 이전의 일은 알지 못한다. 따라서 생후 6개월까지 무슨 일이 일어났는지 기억하는 자는 전혀 없었다.
그러나 그 부족 전원은 아무런 장애도 느끼지 않고 생활하고 있었다. 그들은 밭을 갈고, 겨울을 대비해 땔감을 장만하고, 우물에서 물을 길었다. 그들은 장님 생활에 적응하게끔 되었던 것이다. 그 지역 전체가 장님이었기 때문에 파리를 볼 수 있는 사람은 이 젊은 학자뿐이었다. 생후 6개월이 지나고 나서는 파리가 물어도 장님이 되진 않는다. 그러므로 6개월 동안만 아이들을 지키면 되는 것이다.

허나 그 부족에는 아이를 보호한다는 생각조차 없었다. 그들은 무슨 일이 일어나고 있는지 알지 못했다. 그러니 생후 6개월 난 아이에게 '파리로부터 자신을 지켜라'라고 말할 리도 없다.

그는 상당히 오랫동안 그곳에 머물렀기 때문에 한 여성과 사랑에 빠졌다. 그는 그 여자와 결혼하려고 했으나, 부족 사람들은 차츰 이 남자를 의심하기 시작했다. 그들은 장님이었지만, 이 남자의 걸음 걸이나 말투가 자기들과 다르고 자기들이 모르는 것을 알고 있다고 눈치 채기 시작했다. 그는 '자, 해가 떴다'라고 말한다. 그는 '봐, 하늘 전체가 별로 가득 찼다'라고 말한다. 그러나 장님의 눈에는 별이 하나도 보이지 않는다.

부족 사람들은 천천히 이 남자가 자기네들과는 다르다는 사실을 느끼기 시작했다. 그들은 남자에게 이렇게 몰아댔다.

"솔직히 말하길 바란다. 우리와 그대는 뭔가 다르다. 우리에겐 해뜨는 광경도, 해지는 모습도 보이지 않는다. 그런데도 그대는 꽃 색깔이나 별에 대해서 말한다. 그런 것이 어디 있는가? 우리와 그대는 정말 어딘가 다르다."

그는 이 불쌍한 장님들에게 거짓말을 하지 않았다. 그가 말했다.

"나에겐 눈이 있고 당신들은 눈이 없기 때문이다. 당신들도 눈을 갖고 태어났지만, 도처에 날아다니는 이상한 파리가 생후 6개월이 지나기 전에 아이들의 눈을 상하게 한다. 나는 커다란 도움을 줄 수 있다. 약의 힘을 빌어 파리 떼를 물리칠 수 있으며, 당신들을 치료하는 방법도 찾아낼 수 있을 것이다. 그렇게 되면 당신들도 볼 수 있게 될 것이다."

그러나 부족 사람들은 거절했다. 그들이 말했다.

"우리는 이대로도 행복하다. 전혀 거추장스럽지 않다. 결혼에 관해서 말하겠는데, 그대의 눈을 즉각 망가뜨리는 것이 조건이다. 그렇게 하지 않으면 눈 있는 인간을 믿을 수 없다……. 당신이 어떤 해를 끼칠지도 모르며, 우리는 어린애처럼 무방비 상태니까.”

그리고 나서 그들은 남자에게 시간을 주었다.

“반나절 동안 생각해 보라. 그녀와 결혼하고 싶다면 눈을 망가뜨려라. 만약 눈이 아까우면 우리와 같이 지낼 수도 없으며, 그녀와 결혼할 수도 없다.”

그날 밤 그는 몇 번이나 생각을 거듭했다. 어떻게 하면 좋을까? 이 백치들은 도움받기를 거절한다. 장님 그대로 완벽하게 행복하다. 300명이나 되는 장님들이 갑자기 눈을 뜨게 되면 분명히 큰일이 날 것이다……. 남자는 마누라를 보고 말할 것이다.

“뭐야! 이 소 같은 여자가 마누라라고?”

그들은 거울에 자기 얼굴을 비춰 보고도 그것이 자기인지 믿지 못할 것이다. 자기 얼굴을 한 번도 본 적이 없으니까. 혼란은 끝없이 계속될 것이다.

그 젊은 학자는 처음엔 이렇게 생각했다.

먼저 결혼을 하고, 그리고 나서 눈을 치료할 수 있는 문명 사회로 그녀를 데리고 나간다. 그리하여 눈이 잘 치유되면 의사들을 이끌고 와서 300명을 모두 치료할 수 있다.

그러나 결국 그는 그들을 돕겠다는 생각을 단념했다. 그리고 그 여성과의 결혼도 포기한 채 밤중에 그곳을 도망쳤다.

깨달은 사람은 누구나 같은 상황에 놓여 있다. 그는 새로운 빛, 새로운 생명, 새로운 눈을 갖고 온다. 그런데 그대들은 그에게 돌을 던지기 시작한다. 소크라테스의 유일한 죄는 진리를 찾는 방법을 사람들에게 가르치려고 한 것이다. 알힐라즈 만수르의 유일한 죄는 ‘아날하크!(Ana'l haq!)—나는 신이다!’라고 선언한 것이다. 이 선언은 에고에서 나온 것이 아니다. 왜냐하면 그는 '당신도 신이다, 당신은 그 사실을 알지 못할 뿐이다'라고 말했기 때문이다.

알힐라즈 만수르의 경우는 아주 특별한 경우이다. 그의 스승은 쥬나이드(Junnaid)였다. 쥬나이드는 그에게 말했다.

"만수르, 나 역시 자신이 신인 줄 아네. 하지만 군중들은 이런 선언을 용서하지 않을 것이네. 그러니 감춰 두는 것이 좋아. 그리고 사람들이 자기들 역시 신인 줄 깨닫도록 도움을 주게나. 그러나 자기가 신이라고 선언하는 데서부터 시작해선 안되네. 사람들이 용서하지 않을 걸세"

그러나 만수르는 젊었다. 쥬나이드는 나이가 들었기 때문에 주변에 어떤 종류의 사람들이 널려 있는지 알고 있었다. 만수르는 그의 말을 듣지 않고 '나는 신이다, 그리고 당신도 신이다, 당신들은 이를 모르고 있지만 나는 알고 있다, 다른 건 그뿐이다'라고 선언하기 시작했다. 그는 정말 오랫동안 고통을 당하면서 죽어갔다. 그것은 십자가형이라고도 할 수 없을 정도였다. 만수르에 비하면 예수의 십자가형은 아무 것도 아니다. 만수르는 발, 다리, 손, 눈, 혀, 머리를 하나씩 절단 당했다. 조금씩 조금씩 살해된 것이다.

어떻게 해서 이런 일이 벌어졌는가? 만수르 같은 사람들은 우리를 위협하는 것처럼 보인다. 그런 사람들은 우리가 알기를 두려워하는 것을 선언하기 시작한다. 우리는 자기가 누구인지 결코 알고 싶어하지 않는다. 그렇게 되면 만사가 헝클어질 수도 있기 때문이다. 그대의 주변은 안정되어 있다. 그러나 중심을 알게 되면 주변의 모든 것이 변할 것이다. 그것은 위험하다. 그대는 슬픔과 번뇌 속에서 살아가고 있지만, 그런 삶의 방식에 너무나 익숙해져 있다. 모든 사람이 마찬가지로 살아가고 있다. 그러니 왜 위험을 무릅쓰겠는가?

그러나 알힐라즈 만수르 같은 사람의 현존은 삶을 변화시키도록 그대를 자극한다. 그것이 사람들을 격분시킨다. 사람들은 자기들보다 더 알고 있는 자가 있다는 사실에 화를 낸다. 그들은 그런 인물에 대해 참을 수 없다. 세상에서 사색하는 것 이상 가는 범죄 행위는 없다. 이 세상에서 알고 있는 자는 스스로의 십자가를 준비한 것이다.

콜먼 바크(Coleman Barks) 교수의 질문

나는 당신의 깨달음, 당신의 지혜, 당신의 대담한 실험, 당신의 삶에 크나큰 감사를 느낍니다.

감사합니다!

루미는 '나는 불타고 싶다, 나는 불타고 싶다……'라고 말했습니다. 이 불탄다는 상념은 어떤 것입니까?

불이나 불탄다는 상념이 나 자신의 깨달음과 관계 있습니까?

콜먼,
 그대는 아주 위험한 질문을 하고 있다! 왜냐하면 불탄다는 상념은 '깨달음'과 전혀 무관하기 때문이다.
 '깨달음'의 길에서 불타는 상념을 논하는 것은 적당치 않다.
 그러나 그대가 메브라나 제랄루딘 루미(Mevlana Jalaluddin Rumi)[2]를 사랑하고 있기 때문에…… 나 역시 루미를 사랑한다. 그러나 그대는 수피즘이 가공의 신에 의존하고 있음을 이해해야 한다. 그것은 신이라는 가설에서 해방된 것이 아니다. 특히 수피즘에는 여성으로서의 신 개념이 있다. 사랑이 그들의 방법이다. 신을 가능한 한 완전히 사랑하는 것이 수피의 길이다.
 지금 그대는 현실에 존재하지 않는 단순한 가설을 사랑하고 있는 것이다. 게다가 완전함을 찾고 있다. 그대는 연인들이 느끼는 것과 똑같은 불길을 아주 강렬하게 느낄 것이다.
 연인들은 가슴속에 불타는 상념을 간직하고 있다. 사랑하는 사람과 만난다는 깊은 동경과 바람이 그 불길을 만들어 낸다. 신을 사랑하면 반드시 치열한 불길이 그대 안에서 솟아나게 된다. 그대는 타오른다. 그것은 그대가 현실에는 존재할 수 없는 것을 사랑의 대상으로 선택했기 때문이다. 그대의 사랑은 가설에 기초하고 있었던 것이다. 그대는 눈물을 흘리고 울부짖을 수밖에 없다. 그대는 기도하고 단식하지 않을 수 없다. 그대의 마음은 사랑하는 자를 끊임없이 뇌리에 불러들여 상기해야만 한다.
 마음에는 공상하는 힘이 있으며, 또 자기 최면의 힘도 있다. 오랫동안 그것을 반복하면 정말 공상 그대로 신을 볼 수도 있다. 그것은 그대 마음의 부산물이다. 그것은 그대를 환희에 넘치게 하고, 그대

---

2) 이슬람의 신비주의 시인.

는 기쁨에 겨워 춤춘다.

　나는 수피들과 함께 산 적이 있다. 나는 그 사람들을 사랑한다. 그러나 그들이 붓다가 되기에는 아직 한걸음 모자라다. 그들의 시는 아름답다. 그건 당연하다. 그 시는 사랑에서 나온 것이니까. 그러나 그들의 체험은 그들 자신의 마음이 만들어 낸 환각이다. 수피즘에서는 사랑하는 자를 찾아 발광 직전까지 마음이 확장된다. 사랑하는 자에게서 떨어져 있는 날들이 불타듯 치열한 감정을 불러일으킨다.

　그러나 선(禪)의 길에는 가설도 없고 신도 없기 때문에 불타는 상념 따위는 전혀 존재하지 않는다. 선의 길에는 사랑의 여지가 없다. 물론 선 수행자는 사랑으로 가득 차 있다. 그러나 그 사랑은 연습을 쌓아 이룬 것이 아니다. 사랑은 선 수행자의 자각의 부산물로 나타난 것이다. 그는 자기의 불성을 자각했을 뿐이다. 천국 어딘가에 있는 신이 끼어들 틈이 없다. 그는 단순히 자기 생명의 중심에 도달해 있다. 그리고 그 중심에 앉은 그대로 그는 사랑 속으로, 자비 속으로 폭발한다. 그의 사랑은 '깨달음' 뒤에 나타난다.

　사랑은 '깨달음'에 도달하기 위한 수단이 아니다.

　그러나 수피들의 입장에서 볼 때 사랑은 수단이다. 그리고 그것이 수단이기 때문에 사랑은 마음의 일부인 것이다.

　선 수행자의 노력은 마음을 초월하는 것, 무심에 도달하는 것, 사랑을 포함한 일체의 사고를 완전히 비우는 것이다. 선은 허공의 길이다. 신도 없고 사랑도 없으며, 일체가 부정된다. 그대마저 사라진다. 단지 순수한 '무(無)'이다. 누가 거기에 있어 타는 걸 느끼겠는가? 거기에 누가 있어 불을 느끼겠는가?

　따라서 내가 수피들을 사랑한다 해도…… 콜먼, 나는 그대의 감정을 상하게 하고 싶지는 않지만 확신을 갖고 말한다. 그대는 어느 날엔가 수피들로부터 선으로 나아가야 할 것이다. 수피들은 공상 속에 머물고 있다. 그들은 무심의 경지를 체험한 적이 없다. 그리고 무심의 경지를 체험하지 못했기 때문에 그 인격이 아무리 아름다울지라도 '깨달음' 직전에 있을 뿐 아직 깨달음을 얻지는 못했다.

그 이유는 명백하다. 수피즘은 이슬람교의 계보에 따른 분파이기 때문이다. 수피즘은 이슬람교의 뛰어난 것을 모두 전하고 있다. 그러나 이슬람교 자체는 말하자면 최하의 종교이다. 이슬람교, 유태교, 기독교 모두가 가설에 기초하고 있다.

가설에 기초하지 않은 종교는 두 개밖에 없다. 불교와 도교다. 선은 이 두 가지의 교배다. 그리고 교배로 나온 것은 늘 어버이보다 우수하다. 선은 붓다와 노자의 만남이다. 이 만남 속에서 선이 나왔다. 선은 불교가 아니며 도교도 아니다. 선에는 독자의 개성이 있다. 선은 붓다로부터 온 모든 아름다운 것과 노자로부터 온 모든 위대한 것을 전하고 있다. 선은 지금까지 인간이 도달한 최고의 절정이다.

힌두교는 뒤범벅이다. 힌두교엔 300만이나 되는 신들이 있다! 도대체 무얼 기대할 수 있을까? 힌두교는 철학적이고 논쟁을 좋아하고 가설에 기초한 종교이다. 힌두교는 붓다의 높이까지 도달할 수 없었다. 붓다는 힌두교에서 나왔지만 이 뒤범벅인 종교에 반기를 들고 독자적인 탐색을 해나갔다.

이것은 마음에 새겨야 할 가장 중요한 것 중의 하나이다. 신앙으로 시작한 종교는 어느 것이나 그대에게 자기 최면적인 체험을 준다. 신앙으로 시작하지 않은 종교는 불교와 도교밖에 없다. 이 두 종교의 모든 노력은 무엇을 발견할 것인가를 전혀 생각하지 않고 자기 자신 속으로 들어가는 것이다. 단지 자신을 열어 놓고 언제든지 호응할 태세를 갖출 뿐, 어떤 선입관이나 경전, 철학 등을 개입시키지 않는 것이다. 다만 가슴을 열어 놓고 받아들이면 마음이 고요해지면서 한 점의 사고도 끼어들 수 없는 지점에 도달한다…….

도교나 붓다의 입장에서 보면 '신'조차 사고(思考)이다. 사고가 없으면 그대는 의식의 최고봉인 에베레스트에 도달한다. 그 경지에서 그대는 생명 있는 모든 것이 신이 될 잠재 능력을 간직하고 있음을 안다.

붓다는 이렇게 말했다고 전해진다.

"내가 깨달음을 얻은 순간, 놀랍게도 전 존재가 깨달음을 얻었다. 사람들은 이를 이해하지 못할 뿐이다. 그들은 '깨달음'을 자기 안에 간직하고 있으면서도 그걸 모르고 있다."

붓다는 과거 생에 겪은 체험을 말하고 있다. 아직 깨닫기 전 일개 구도자에 불과했을 때, 그는 깨달음을 얻은 사람에 대한 소문을 듣고 그를 만나러 갔다. 그는 '깨달음'에 관념을 전혀 갖지 않았기 때문에 진위에 대한 어떤 편견도 없었다. 그러나 그 사람 가까이 갔을 때 자기도 모르는 사이에 머리를 숙여 그 사람 발 밑에 엎드리는 자신을 발견하였다. 그는 놀랐다! 자신이 그렇게 한 것이 아니었다. 자기도 모르는 사이에 그 사람 발 밑에 엎드린 것이다. 그것은 하나의 경이였다. 그리고 그가 일어섰을 때 더욱더 놀랄 만한 일이 벌어졌다. 그 깨달음을 얻은 사람이 붓다의 발 아래 엎드린 것이다.

붓다가 말했다.

"무슨 짓입니까? 당신은 깨달음을 얻으셨습니다. 내가 당신 발 아래 엎드린 것은 전혀 이상한 일이 아닙니다. 그러나 왜 당신은 나의 발 아래 엎드리시는 것입니까?"

그러자 그 사람은 웃으면서 말했다.

"나 역시 예전엔 깨달음을 얻지 못한 사람이었다. 그리고 지금

나는 깨달음을 얻었으며, 그대는 아직 깨달음을 얻지 못한 상태이다. 그러나 언젠가는 깨달음을 얻을 것이다. 그러니 그건 시간 문제에 불과하다. 그대 자신은 알지 못하겠지만 내 눈엔 그 숨겨진 보배가 보인다."

따라서 누구나 붓다인 것이다. 단지 아느냐 모르느냐의 차이가 있을 뿐이다. 어떤 가설도 선의 길엔 끼어들지 못한다.

루미가 '나는 불타고 싶다, 나는 불타고 싶다'라고 말하는 것은 가공의 사랑하는 사람에게 마음의 초점을 맞추고 있기 때문이다. 신과 만나고, 신 속에 녹아들고 싶다는 타는 듯한 열망이 있기 때문이다. 그러나 그것은 대상으로서의 신이다. 그 신은 여자일 수도 있고 남자일 수도 있지만 그것은 중요한 문제가 아니다.

인도 벵골 지방에는 크리슈나만이 남성이고 나머지는 모두 여성이라고 믿는 조그만 종파가 있다. 따라서 누구나 여성이며, 사랑하는 신과의 만남이라는 타는 듯한 열망을 간직하고 있기 때문에 잠자리에서도 크리슈나 상을 껴안고 잔다.

그러나 이런 것은 모두 마음의 게임이다. 고탐 붓다와 노자, 그리고 그들을 계승한 깨달음을 얻은 사람들을 제외하면 인류 전체가 가설 속에서 살고 있다. 나는 루미의 시를 찬양하고 많은 수피 신비자들의 아름다움을 찬양한다. 그러나 그들이 깨달음을 얻었다고 말하지는 않는다. 그들은 아직 더듬고 있다. 그 더듬는 것을 그치려면 우선 신이라는 가설부터 벗어던져야 한다.

탐구는 밖이 아니라 안으로 향해야 한다. 밖을 향한 탐구는 그대의 인격을 변화시킬 것이다. 그것은 인격을 더 아름답고 사랑스럽게 가꾸어 줄 것이다. 하지만 그것은 단순한 공상에 지나지 않는다.

크나큰 존경을 받고 있던 수피 스승이 있었다……. 그의 제자들이 내게 와서 말했다.
"우리는 당신과 우리의 스승이 만나기를 원합니다."
나는 말했다.
"조건이 하나 있다. 3일 간만 그대들의 스승이 내 손님이 되었으면 한다. 그리고 그대들은 그 3일 간은 오지 마라."
이윽고 그 스승이 왔다. 그는 매년 그 장소를 1,2개월 방문하도록 되어 있었다. 아주 유쾌하고 맑은 빛과 기쁨으로 가득 찬 멋진 사람이었다. 그는 자주 춤을 추거나 노래를 불렀으며, 악기를 연주하기도 하였다. 그가 내 집에 오자 나는 문을 닫고 그의 제자들에게 말했다.
"자, 그대들은 물러가라. 3일 간은 그를 내게 맡겨 두라."
스승이 말했다.
"당신은 무엇을 하고 싶은 겁니까?"
내가 말했다.
"악기를 놓고 3일 동안은 사랑하는 신에 대해 생각하지 마시오."
그가 말했다.
"무엇 때문에 그렇게 해야 합니까?"
내가 말했다.
"3일이 지나면 그 목적을 알게 될 것이오. 3일만 정상으로 있어 주시오. 그대는 비정상이오."
그가 말했다.
"뭐라고! 내가 비정상이라고요?"
내가 말했다.
"가공의 신 관념을 확실히 떨쳐 버리시오. 그대는 신을 본 적이 있소?"

그가 말했다.

"나에겐 어느 곳에서나 신이 보입니다."

내가 말했다.

"언제부터 그런 일이 일어나기 시작했소?"

그가 말했다.

"20년이라는 장구한 세월이 걸리긴 했지만 마침내 나는 모든 사람들 속에서 신을 보게 되었소."

내가 말했다.

"3일 간 이제까지 해오던 것을 일체 중지하라고 말한 것은 그 때문이오. 이 3일 동안은 모든 사람 속에서 신을 보는 훈련을 쉬시오."

겨우 하루밖에 지나지 않았는데 결말이 났다! 다음날이 되자 그는 내게 매우 화를 냈다. 그가 말했다.

"나를 다시 돌려놓으시오. 당신 때문에 20년에 걸친 노력이 엉망이 되고 말았소. 단 하룻밤 당신 뜻대로 했을 뿐인데 아침이 되자 어디에도 신이 보이지 않게 되었소."

내가 말했다.

"20년 간 계속 보아 온 신이 단 하루만에 사라졌다면, 도대체 그게 무슨 가치가 있겠소? 그대는 그것이 스스로에게 강요한 가설임을 모르겠소? 그런 세뇌 작업을 하는 데에는 20년씩이나 필요 없소. 몇 시간이면 충분하오."

어떤 사람에게 7일 간 끊임없이 최면을 건 뒤, 그 최면에서 깨어나면 어느 곳에서나 모든 사람에게서 신을 볼 수 있고, 기쁨으로 가득 차게 되고 애정도 깊어진다고 암시를 걸어 보라. 7일만 있으면 그 사람은 마치 컴퓨터처럼 프로그램화 된다. 그렇게 되면 그는 신을 보기 시작한다. 그러나 이런 방식은 진실이 아니다.

콜먼, 문제가 될 건 전혀 없다. 루미의 멋진 시를 즐기고, 수피의 아름다운 이야기를 즐겨라. 나 역시 그런 것들을 즐긴다. 그러나 충고하건대, 그것에 빠져 들지는 마라. 그것은 마음의 게임, 자기 최면의 사술(詐術)에 불과하다.

나는 그대가 위험한 질문을 했다고 말했다. 그대의 감정, 그대의 사랑을 다치게 하고 싶지는 않지만, 설사 다치더라도 나는 진실을 말하지 않을 수 없다. 언젠가 그대는 내게 감사할 것이다.

수피즘은 아무 것도 아니다. 뛰어난 시는 어디에나 있다. 그리고 그대가 하고 싶다면 누구든지 좋으니까 수피를 내게 데려오라. 그러면 나는 한 시간도 안되어 그 수피의 체험을 모두 빼앗아 버릴 것이다. 그들은 스스로에게 최면을 걸고 있는 비정상적인 사람들이다.

진정으로 필요한 것은 그대 스스로 최면을 해제하는 것이다. 왜냐하면 모든 사회가 이미 그대에게 최면을 걸고 있기 때문이다. 힌두교도는 크리슈나를 신으로 보지만, 크리슈나가 만 육천 명의 여성을 강탈했다는 사실은 무시하고 넘어간다. 그가 아내로 삼은 여성은 단 하나였다. 그러나 만 육천의 여성이……그의 군대는 미인이면 닥치는 대로 잡아갔다.

크리슈나는 여성들을 가축처럼 취급했다. 아이가 있든 말든, 남편이 있든 말든, 연로한 양친이나 시부모가 있든 말든 전혀 개의치 않았다. 그는 그 여성들의 가족 생활 전체를 파괴했다. 허나 만 육천이나 되는 여성을 어찌 하겠는가? 그는 수소가 아니다. 아니, 수소조차 지쳐 떨어지고 말 것이다. 만 육천 명! 어지간한 기록이다. 그러나 그 점을 지적하는 힌두교도는 단 하나도 없다.

힌두교도의 입장에서 라마(Rama)는 신이다. 그런데 그는 어느 불쌍한 젊은 불가촉천민을 누군가 부르는「베다」를 들었다는 이유만으로 죽였다. 그러나 그것을 문제 삼는 힌두교도는 단 하나도 없다. 힌두교 사회는 오천 년에 걸쳐 카스트 제도를 유지해 왔다.

불가촉천민이나 수드라라고 불리는 최하층 사람들은 어떤 종교 경전도 읽지 못하게 되어 있다. 교육도 받을 수 없다. 불가촉천민은 마을에 거주할 수도 없다. 그들은 마을 밖에서 지내야 한다. 그들은 마을의 모든 비천한 일을 하며, 세상에서 가장 가난한 생활을 하고 있다. 그들의 존엄성과 인간성은 철저하게 유린되고 있다. 더구나 이 젊은이는 베다를 읽고 있던 것도 아니다. 브라만이「리그 베다」를 외고 있는 것을 들었을 뿐이다. 다만 호기심으로 나무 그늘에 몸을 감추고 있을 뿐인데, 체포되어 라마에게 끌려 갔다. 중대한 죄를 범했다는 것이다. 라마는 부하들에게 말했다.

"납을 녹여 이 놈의 귀에다 부어라. 이 놈은 금지되어 있는「베다」를 들었다!"

그 젊은이는 죽음을 면치 못했다. 뜨거운 납을 귀에 주입하면 살아날 가망이 없다. 그는 그 자리에서 죽었다. 그러나 힌두교도는 누구 하나 이를 문제 삼지 않는다. 마하트마 간디 같은 사람조차 일념으로 계속 라마의 이름을 외웠다. 라마는 신이라는 것이다.

그리고 세상 모든 종교의 상황도 이와 마찬가지이다. 나는 샅샅이 조사해 보았지만, 전혀 오염되지 않은, 인류에 대해 단 하나의 범죄도 저지르지 않은 종교 현상은 오직 선뿐이다. 선은 더 많은 아름다움, 더 많은 사랑, 더 많은 명상의 질을 낳는 힘이 되어 왔다.

그러니 전혀 문제는 없다, 콜먼. 시를 즐기는 것은 좋다. 다만 이들 시가 '깨달음'에서 나왔다고는 생각하지 마라. 그들은 '깨달음'이라는 말을 들은 적도 없다. 페르시아 어, 우르두 어, 아라비 어에는 '깨달음'에 해당하는 말이 없다. 그들은 '신의 인식 : God realization', '사랑하는 자의 인식'이라 말한다. 그러나 사랑하는 자는 그대와 분리되어 있다.

근본적인 문제는, 예컨대 자기로부터 분리된 신을 찾아냈다 해도 수백만 명이나 되는 사람이 이전에 '그'를 발견했다는 점이다. 그대는 군중에 하나를 보탰을 뿐이다. 그러니 신과 만났을 때 어찌할 작정인가? '안녕하세요, 기분은 어떠세요?'라고 말할 것인가?

단순히 만났다 해서 어떻게 되는 것은 아니다. 그대는 당혹한 표정을 짓고 신도 당혹한 표정을 지을 것이다. 신은 이 콜먼 교수를 어떻게 하겠는가? '아주 좋은 일을 했네…… 그대는 훌륭한 번역을 했어, 헌데 여기 뭘 하러 왔지?' 하고 말하면 좋겠는가?

이처럼 신을 난처하게 하는 일은 일체 안하는 것이 좋다. 신은 존재하지 않는다. 존재하는 것은 '신성'이며, 그 '신성'이 그대를 에워싸고 있다. 우리는 모두 동일한 대해(大海) 속에 있다.

옛날 얘기가 있다.

철학적 두뇌를 가진 젊은 고기가 다른 고기에게 물었다.

"바다에 대해 많이 들었는데 바다가 어디 있습니까? 바다에 나가 보고 싶어요."

누군가 어깨를 으쓱하며 말했다.

"우리도 바다에 대해 들은 적이 있다. 그러나 어디에 있는지는 모른다."

연로한 고기가 그 젊은 고기를 곁에 불러 이렇게 말했다.

"어디든 바다가 아닌가? 나는 그 바다 속에 살고 있다. 나는 바다에서 태어나, 바다에서 살고 바다에서 죽어간다. 바로 '여기'가 바다라네."

나 역시 그대들에게 말한다. 우리는 '신성' 속에서 태어나 '신성' 속에서 살아가며 '신성' 속에서 죽어간다. 단 하나 명심할 사실은, 이 엄청난 삶의 체험을 잠든 상태에서 지나칠 수도 있고, 완전히 깨어 있는 상태에서 거칠 수도 있다는 것이다.

명상은 그대를 각성시키는 유일한 방법이다. 완전히 각성된 상태라면 주변 모두가 '신성'의 대해가 된다. 삶 자체, 의식 자체가 성스럽다. 그것은 모든 형태로 표현된다. 장미로도, 연꽃으로도, 새로도, 나무로도 표현된다. 어디에 있든지 삶은 '신성' 외에 아무 것도 아니다. 우리들은 '신성'의 바다에 살고 있다. 그러니 어디로 찾아 나서지 마라. 단지 내면을 들여다보라. 내면이야말로 가장 가까운 곳이다.

수피즘은 아름답지만 궁극적인 답은 아니다. 그러니 수피즘에 머물지 마라. 수피즘에서 시작하는 것은 좋은 훈련이 된다. 그리고 선으로 마무리하라.

멋진 것도 있고 놀랄 만한 것도 있지만, 선의 절정에서 보면 수피 교단에 있을 때보다 훨씬 더 수피즘을 이해할 수 있다. 이해를 위해서는 어느 정도 거리가 필요하며, 선은 그 거리를 그대에게 준다. 이 거리로부터 보면 모든 종교를 멀리, 넓게 볼 수 있다. 그들은 무엇을 하고 있는가? 게임을, 아름다운 게임을 연출하고 있지만 결국 게임은 게임이다.

그대는 묻고 있다.

"불타는 상념은 어떤 것입니까? 그 불은 나 자신의 '깨달음'과 관계가 있습니까?"

전혀 관계가 없다. 그대는 이 순간에 깨달음을 얻고 있다. 다만 스스로의 실존으로 고요히 들어가기만 하면 된다. 스스로 실존의 중심을 찾아내라. 그렇게 하면 그대는 전 우주의 중심을 발견하게 된다. 우리는 주변에서는 분리되어 있지만 중심에서는 하나다.
 나는 이것을 붓다 체험이라 부른다. 붓다가 되지 않는 한……. 내가 '되지 않는 한'이라고 말할 수밖에 없는 것은 언어 자체가 빈곤하기 때문이다. 그대는 이미 붓다이다! 그러므로 이렇게 말하는 편이 나을 것이다. 그대가 인식하지 않는 한, 그대가 망각한 것을 상기하지 않는 한…….
 순진무구한 아이는 누구나 알고 있다. 그러나 어떤 아이든 부모나 성직자, 교사들로부터 주입된 엄청난 지식 탓에 길을 잃고 있다. 아이의 순수성은 온갖 잡동사니로 가려지고 만다.
 명상의 모든 노력은 사회가 그대에게 뒤집어씌운 먼지를 없애는 것이며, 태어날 때부터 간직한 조그만 불성을 발견하는 데 있다. 태어날 때부터 간직한 불성을 발견하는 그날, 원(圓)은 완성된다. 그대는 다시 순진무구하게 된다.

 소크라테스는 최후의 날에 말했다.
 "젊은 시절 나는 스스로 많은 것을 알고 있다고 생각했다. 그리고 나이를 먹어가면서 모든 걸 알고 있다고 생각하기 시작했다. 그러나 나이가 더 들어 의식이 예민해지면서 갑자기 자신이 아무 것도 모른다는 걸 깨달았다."
 이것은 아름다운 이야기이다. 그리스에는 지금은 폐허가 됐지만 한때는 델피의 신전이 있었다. 이 델피의 신탁(神託)은 소크라테스야말로 세계 제일의 현자라고 말했다. 소크라테스를 알고 있던 사람들이 그에게 달려가 말했다.
 "신탁에 의하면 당신이 세계 제일의 현자라는군요."
 소크라테스가 말했다.
 "신탁이 처음으로 빗나간 것 같구먼. 나는 아무 것도 모른다네."

사람들은 대단히 당혹했다. 그들은 델피로 되돌아와 말했다.
"당신은 소크라테스가 최고의 현자라고 말했지만, 그는 아무 것도 모른다고 합니다."
신탁이 말했다.
"바로 그 때문에 그가 세계 제일의 현자인 것이다. 그는 다시 아이가 되었다. 그는 집에 돌아온 것이다."

마니샤의 질문
당신은 선(禪)의 빈 가슴에 대해 말하고 계십니다. 어제 우리는 루미가 표현한 수피의 가슴에 대해 들으면서 저녁을 보냈습니다.
이 양자의 차이점에 대해 말씀해 주시겠습니까?

실은 수피들이 가슴이라고 부르는 것은 그들 심리작용의 일부에 지나지 않는다. 마음에는 여러 가지 힘이 있다. 사고, 감정, 공상, 꿈, 자기 최면, 이러한 것은 모두 마음의 특질이다. 실제로 가슴이라 불리는 것은 존재하지 않는다. 일체는 마음으로 이루어져 있다.

우리는 공상이나 감각, 감정이나 감상은 가슴에 속한다는 인습적인 관념을 간직하고 살아왔다. 그러나 그대의 심장은 일종의 펌프에 지나지 않는다. 그대가 생각하고 공상하고 느끼는 것은 모두 두뇌 속에 담겨 있다. 그대의 두뇌에는 700개의 중추가 있으며, 그것들이 모든 것을 통제하고 있다.

선이 비어 있는 가슴을 말할 때는 단순히 비어 있는 마음을 말하는 것이다. 선의 입장에서는 가슴이든 마음이든 마찬가지다. 중요한 것은 '비어있음:空'이다. '비어 있는' 마음은 어디에나 충만해 있는 '거룩한 것'과 통하는 문이 된다. 그러나 먼저 마음이 비어 있어야 한다.

수피즘은 아름다운 공상이다. 그러나 선은 공상과는 관계없다. 일체가 비어 있어야 한다. 루미(Rumi)란 이름은 어떤 의미에서는 아름답다. 영어로 루미(roomy)는 허공을 의미한다. 집을 가구로 가득 채울 수도 있지만 가구 없는 단순한 공간으로 만들 수도 있다.

그 비어 있는 집은 전 공간, 전 존재를 포함하고 있다.

3.
사자의 포효

어느 날 임제가 말했다.

"도를 닦는 벗들이여. 그대들은 옛 선사들이 말씀한 언구에 매달려, 그걸 진실한 길로 보면서 '이들 선지식은 훌륭하다, 나는 범부의 마음이니 어찌 그 고명한 선사들의 뜻을 헤아릴 수 있겠는가?' 하고 말한다.

이 눈먼 바보들아! 그대들은 평생 그런 견해를 간직한 채 살아가면서 스스로 두 눈을 가리고 있다. 위대한 선사들만이 감히 붓다와 조사를 비방한다. 옛 선인들은 어딜 가더라도 사람들이 믿어주질 않아 추방되고 나서야 비로소 그 가치를 인정받았다. 만일 그들이 가는 곳마다 인정받았다면 그런 사람들이 무슨 훌륭한 점이 있겠는가? 그래서 '사자가 한번 포효하면 여우의 머리통이 깨진다'고 말하는 것이다."

마니샤, 선에는 어떤 종교, 어떤 종류의 계율이나 가르침과 결정적으로 다른 본질적인 점이 몇 가지 있다. 그중 가장 중요한 것은 선이 하나의 혁명이라는 사실이다. 여타 종교들은 모두 기득권을 가진 자들의 시종에 불과하다.

부를 소유한 자, 권력을 가진 자, 그리고 정치가들이 모든 종교를 멋대로 주물러 왔다. 성직자들은 이러한 범죄자들의 시종에 불과했다. 이 음모는 세계적인 규모에 걸쳐 있기 때문에 아무도 이를 눈치채지 못했다. 우리들이 처음부터, 유년 시대부터 프로그램되어 있다는 것은 명백한 사실이다.

이 프로그래밍은 온갖 선의(善意) 아래 행해진다. 부모는 그대를 사랑하고 있다. 그러나 부모의 사랑은 그들 자신이 무의식인 것과 마찬가지로 무의식적이다. 그들은 자기네와 조상들이 겪었던 똑같은 길을 그대에게 걷게 하고 싶어한다. 그들은 진리에 이르지 못했으며, 선조들도 그렇다. 그들은 완전히 무력한 상태에 있는 아이에게 낡은 언어를 계속 가르칠 뿐이다.

아이들은 부모를 저지할 수 없다. 첫째, 그들은 부모에게 먹을 것과 의복 등 생활 필수품 일체를 의존하고 있다. 둘째, 그들은 자기들에게 무슨 일이 행해지고 있는지 모르고 있다. 사원이나 모스크, 교회 등에 데리고 가면…… 아이들은 기뻐한다. 아이들은 자신들이 아주 교묘한 방법으로 노예화되고 있음을 모른다. 아이들이 기뻐하는 것은 부모나 가까운 사람들, 사회가 기뻐하기 때문이다. 그들은 자기네 마음에 무엇이 심어지고 있는지 물을 수조차 없다. 그들은 순백의 석판을 간직하고 있다. 그러나 시시각각 그 순백의 석판에는 무언가 쓰여지고 있다.

종합대학은 노예다. 단과대학도 노예다. 왜냐하면 대학의 존립은 정부의 돈에 의존하고 있기 때문이다. 그 때문에 정치가들이 멋대로 주무르게 된다⋯⋯.

　얼마 전에 일어난 일이다. 로날드 레이건이 찰즈 다아윈의 진화론에 반대하고 있기 때문에, 원리주의자이자 광신적 기독교인인 그에게는 세계가 완성된 모습으로 창조된 – 이것이 기독교의 입장이다 – 것으로밖에 비치지 않는다. 세계는 완전한 모습으로 창조되었고, 진화론은 논의 밖이다. 그러나 찰즈 다아윈의 다방면에 걸친 연구는, 진화가 현재 진행중이며, 세계는 완전한 모습으로 창조된 것이 아니라 늘 불완전인 채로 진화해 가고 있음을 증명하고 있다.

　학생들에게 새로운 사상을 제시하는 것을 막는 것은 정부의 할일이 아니다. 그런데 로날드 레이건은 찰즈 다아윈을 미국에서 쫓아내려 했다. 그의 진화에 관한 책은 도서관, 대학에서 추방되었다. 그 당시에는 그의 이름을 입에 담는 것조차 범죄가 되었다.

　갈릴레오는 자신의 저서에서 처음 이렇게 썼다.
　"태양이 지구 둘레를 돈다는 과거의 관념은 억측에 불과하다. 그건 진실이 아니다. 외견상은 그렇게 보이지만 진실은 정반대다. 지구가 태양 둘레를 돌고 있는 것이다."

　갈릴레오의 이 말은 「성서」의 말과 상응하지 않았다. 그러나 성서는 신의 말씀이다. 신이 잘못을 범한다는 것은 절대로 있을 수 없는 일이다. 신은 말할 것도 없고, 신의 아주 먼 친척에 지나지 않는 교황조차 오류를 범할 수 없다는 것이다. 신은 잘못을 범하지 않았으며, 잘못을 범할 수도 없다. 신 자신이 손수 세상을 창조했으므로 태양이 지구 둘레를 돌고 있는지, 아니면 지구가 태양 둘레를 돌고 있는지에 대해서는 갈릴레오보다 신이 더 잘 아는 것이 당연하다.

　갈릴레오는 노령으로 거의 죽을 때가 되었다. 그는 교황의 법정에 끌려가 그가 말한 내용을 바꾸도록 강요받았다. 그는 이런 말로 법정을 설득하려고 했다.
"나 역시 기독교인이지 무신론자가 아닙니다. 나는 신을 믿고 있으며, 예수를 믿습니다. 더구나 이것은 과학적 사실이며 종교와는 전혀 관계없는 사소한 사실에 불과합니다."
그러나 교황이 말했다.
"아니, 이것은 종교와 커다란 관계가 있다. 「성서」에 잘못이 하나라도 있다면 사람들이 '다른 부분에도 잘못이 있을 수 있다'고 생각하기 시작할 것이다. 「성서」에는 어디에도 잘못이 있어선 안된다. 그것은 진리 자체다. 그대는 주장을 바꾸지 않는 한, 죽음을 면치 못할 것이다."
갈릴레오가 말했다.
"그 문제가 아니더라도 저는 고령으로 인해 죽음에 직면하고 있습니다. 그러나 성하를 기쁘게 하기 위해 제 주장을 바꾸도록 하죠. 헌데 허락하신다면 각주를 덧붙이고 싶습니다만……."
교황은 각주의 내용에 대해서는 묻지 않았다. 그가 말했다.
"그대의 주장을 바꾸기만 하면 된다. 나중에 무슨 각주를 쓰든 그대의 자유이다."
그리하여 갈릴레오는 위대한 일을 하였다. 그는 자기 주장을 바꾸면서 아래에다가 각주를 써넣었다.
"내가 어떻게 서술하든 다를 게 없다. 지구는 여전히 태양 주위를 돌고 있다. 그 사실을 내가 어찌 결정할 수 있겠는가?"

이같은 온갖 종류의 원시적인 마음이 간직한 공포―신들, 천국에 대한 욕망, 지옥에 대한 공포―가 끊임없이 아이들에게 강요되고 있다. 그것은 교육 체계 속에서 존속되고 있다. 노예를 만들어 내는 것이 아니라 혁명가를 창조해야 한다고 공언할 수 있는 교육 체계는 현 시점에서 단 하나도 없다. 세상은 노예들로 가득 차 있다.

그대는 이 세계에 선과 임제, 반역자를 탄생시키려고 노력하는 동시에 혁명적인 종교를 창조하려는 그들의 엄청난 노력을 이해해야 할 것이다. 물론, 일체의 혁명은 과거와 대립하지 않을 수 없다.

흔히 사람들은 경전이 오래되면 오래될수록 진실한 것이라 생각한다. 신학자들은 '우리 경전이 더 오래되었다!'고 주장하면서 서로 싸운다. 그러나 그들은 단순한 사실을 이해하지 못하고 있다. 그것은 오래된 경전일수록 더 원시적이고 더 부정확하고 더 우매하다는 것이다. 왜냐하면 인간의 의식은 끊임없이 성장을 계속하고 있기 때문이다. 객관적으로는 과학에서, 주관적으로는 선 같은 에너지 장(場)에서 끊임없는 성장이 일어났다.

이 말은 소위 성직자나 종교가들에게 충격을 줄 것이다. 그러나 그것은 절대적으로 진실이다.

임제는 어느 날 이렇게 말했다.

"도를 닦는 벗들이여. 그대들은 옛 선사들이 말씀한 언구에 매달려, 그걸 진실한 길로 보면서 '이들 선지식은 훌륭하다, 나는 범부의 마음이니 어찌 그 고명한 선사들의 뜻을 헤아릴 수 있겠는가?' 하고 말한다.

옛 것은 모두 황금으로 보고 있지만 꼭 그런 것만은 아니다. 황금처럼 보이기 위해 단순히 도금한 것에 불과할 수도 있다.

진리는 오래되고 새로운 것과는 전혀 관계가 없다. 사실, 진리는 늘 새롭다. 왜냐하면 의식은 성장을 계속하고, 더 많은 새로운 신비를 발견해 가고 있기 때문이다.

300여 년 전, 과학이 종교와 분리되어 발달하기 시작한 시대의 과학자들에게도 이와 같은 태도가 나타난다. 그들은 여전히 광신적 마음에서 벗어나지 못한 상태였다. 따라서 과학적 진리에 대해서도 '이것은 영원한 진리이다'라는 식의 광신적인 마음으로 대했다.

과학적 진리조차 영원하지 못하다고 분명하게 드러난 것은 금세기 들어와 아인슈타인이 출현한 때부터였다. 그 진리들은 우리의 한계를 보여주고 있음에 불과하다. 우리에게 더 좋은 눈과 더 훌륭한 장치가 있다면 더 많은 것을 보게 될 것이며, 그것은 과학적인 원칙 자체를 붕괴시킬 것이다.

지금 과학은 장편의 과학서적을 쓸 수 없을 정도로 맹렬한 속도로 발달하고 있다. 장편의 과학서적이 완성될 무렵이면 이미 그 서적은 시대에 뒤떨어진 것이 되어 버리고 말 것이다. 그래서 지금 과학은 논문이나 학술 잡지에 의지하지 않을 수 없다. 무언가를 발견하면 곧바로 과학 잡지나 논문 형태로 출판하지 않으면 안된다. 다음 달엔 어떻게 될지 모르기 때문이다. 누가 또 다른 것을 발견하여 그대의 이론은 시대에 뒤떨어진 것이 될 수도 있으니까 말이다.

임제는 말한다.

"사람들은 생각하고 있다. 옛 선사들이 말씀한 언구라면 무엇이나……"

무엇보다도, 스승과 만나지 못하는 한 그대는 누가 스승인지 판단할 수 없다. 옛 선사들은 단순한 허구, 즉 의심이 불가능할 정도로 그대 의식 속에 깊이 침투된 단순한 관념에 불과할 수도 있다.

수백만이나 되는 사람이 전혀 근거 없는 것을 숭배하면서도 의심 한번 하지 않는다. 의문을 제기하는 사람은 법정에 끌려가게 된다. 다른 사람의 종교 감정을 해친다는 것이다. 중요한 것은 진리가 아니라 멍청이들의 종교 감정이다. 그러나 그런 멍청이들은 처음부터 종교적일 수 없다. 그러니 그에게 어떻게 종교적 감정을 기대할 수 있겠는가?

그러나 대중은 계속해서 죽은 물건을 지니고 다닌다. 지금에 와서는 이 사람들이 깨달음을 얻었다는 것을, 그들이 말한 것이 진실이라는 것을 증명할 수단도 증거도 없다. 그들은 단순히 시인이었을 수도 있고, 단순히 뛰어난 작가였을 수도 있다. 그들은 머리가 좋고 언어 구사력이 뛰어난 철학자에 불과했을지도 모른다. 하지만 당사자가 눈앞에 있지 않기 때문에 그들의 오라(aura)를 보기가 대단히 어렵다. 그들의 현존을 느끼기가 지극히 곤란하다.

스승이 죽었을 경우, 그 스승의 말 속에서 무언가 살아 있는 것을 발견하기란 정말 어렵다. 언어가 스승의 빈 가슴으로부터 솟구치고 있을 때, 그 언어는 살아 있다. 그러나 그 수명은 지극히 짧다. 그대가 수용적인 사람이라면 그 언어는 순식간에 그대의 존재 안에 들어온다. 그러나 생각하기 시작하면 그 말은 이내 죽어 버리고 만다. 그러므로 옛 선사들은……. 단순히 옛사람인 것만으로 많은 사람들이 몇 세기에 걸쳐 숭배한다는 것은 아무런 의미가 없다.

임제는 그의 제자들에게 말한다.

"도를 닦는 벗들이여. 그대들은 옛 선사들이 말씀한 언구에 매달려, 그걸 진실한 길로 보면서 '이들 선지식은 훌륭하다, 나는 범부의 마음이니 어찌 그 고명한 선사들의 뜻을 헤아릴 수 있겠는가?' 하고 말한다."

그대는 이렇게 생각한다.

"내가 어떻게 그들의 가치를 측량할 수 있겠는가? 나는 평범한 사람이고 그들은 비범한 사람들이다."

그들 중의 어떤 사람은 자신이 신의 예언자임을 주장하고, 어떤 사람은 신의 대리인이라고 주장한다. 또 예수 같은 사람은 신의 독생자라고 주장한다. 그들은 매우 드문 사람들이다. 그러니 나처럼 평범한 사람이 어찌 그들의 큰 뜻을 헤아릴 수 있겠는가?"

그러나 진실을 말한다면, 이 예언자와 메시아들은 사람들을 착취하고 있다. 그들이 말하는 것은 단지 말일 뿐이다. 그들은 예언자의 가면 뒤에 정체를 숨기고 있다.

예언자임을 자처하는 이 사람들은 심리적인 병에 걸려 있다. 순수하고 지성적인 인간이 되는 것, 빈 가슴으로 세상을 경험하는 것만으로도 충분하다. 예언자가 될 필요가 없다. 신의 대리인이나 메시아, 메신저(messenger)가 될 필요가 없다.

이들이 예언자, 메시아, 메신저임을 주장하는 까닭은 자기의 말을 권위 있게 만들려는 수작이다. 그들은 신의 이름을 빌어 말한다. 그러나 불행하게도 신은 존재하지 않는다.

프리드리히 니체(Friedrich Nietzsche)는 '신은 죽었다'고 말했다. 그는 정말로 대단한 말을 했다. 그러나 나는 그의 말에 동의하지 않는다. 왜냐하면 신은 태어난 적도 없기 때문이다. 태어난 적도 없는 그가 어떻게 죽을 수 있겠는가? 신은 인류의 공포가 축적되어 나타나는 현상에 불과하다.

인간은 세상의 온갖 번민과 고통, 죽음에 둘러싸여 있다. 인간은 불안하다. 그래서 인간은 심리적인 보호자가 필요하다. 어려운 시기에 기도를 드릴 수 있는 대상, 의존할 수 있는 대상, 공정하고 자비로운 그 누군가를 필요로 한다. 인간은 이 모든 관념을 투영시켜 신이라는 가설을 만들었다.

「푸라나:Puranas」[1]를 보라. 푸라나 문헌은 너무나 추악하고 음탕하다. 그러나 '정말로 신이 이 음탕한 이야기들을 썼을까?' 하고 의문을 제기하는 힌두교인은 아무도 없다. 그 이야기들은 음란하기 그지없다. 코란, 성경, 푸라나는 너무나 유치하다. 그것들은 톨스토이나 도스토예프스키의 문학 작품처럼 정교하고 다듬어진 맛도 없다. 그 문헌들은 무식한 사람들에 의해 쓰여졌다.

모하메드는 글을 쓸 줄 몰랐다. 그의 말은 모두 추종자들이 받아 적은 것이다. 예수는 교육을 받은 적이 없다. 그는 가난한 목수의 아들이었으며 최하 빈민층이었다. 그는 읽을 줄도 쓸 줄도 몰랐다. 그래서 그는 랍비들의 말을 주워듣고 그 말들을 써먹었다. 자신을 신의 독생자라고 주장한 그는 과대망상증 환자였음에 틀림없다. 그의 말 중 단 한 구절도 독창적인 것이 없다. 모두 옛말의 반복일 뿐이다.

그러나 예언자와 메시아를 믿는 신자들은 그들에게 신의 위임장을 보여달라고 요구하지 않는다. 그들의 주장은 인간 이하의 행동을 하면서도 인간 이상의 존재로 알려지고 싶은 심리적 질병을 보여주고 있다. 그러나 그들을 믿는 사람들은 그런 문제에 신경 쓰지 않는다.

모하메드는 아홉 명의 여자와 결혼했다. 그는 모하메드교인이 최소한 네 명의 부인을 맞을 권리가 있다는 조항을 코란에 집어 넣었다. 만일 그의 말을 따른다면 세상은 극도의 혼란에 빠질 것이다. 자연 안에서 남녀의 인구 비율은 동등하다. 자연은 어떻게 균형을 유지해야 하는지 잘 알고 있다.

심리학자들은 1차 대전 이후 자연이 비지성적이지 않다는 사실을

---

1) 일명 '제5의 베다'로 지칭되며 오랜 세월을 두고 전승되면서 성립된 문헌집이다. 인도의 신화, 왕조의 역사, 정치, 의학, 철학, 풍속, 음악학 등 문화 전반에 걸쳐 통속적인 언급이 나타나 있다. 인도 민간신앙의 형태를 연구하는 데 중요한 자료로 지목된다.

깨닫기 시작하여 2차 대전 이후에는 더욱더 분명하게 깨닫게 되었다. 자연에는 배후에서 작용하는 훌륭한 지성이 있음에 틀림없다.

전쟁으로 인해 많은 남자가 죽게 되자 균형이 무너졌다. 당연히 여자의 숫자가 남자보다 많게 되었다. 그런데 두 번의 세계 대전 이후 사내 아이가 더 많이 태어나기 시작했다.

보통, 여자 아이가 백 명 태어난다면 남자 아이는 백 열 다섯 명이 태어난다. 왜냐하면 남자 아이는 우리가 생각하는 것처럼 여자 아이보다 강하지 않기 때문이다. 남자 아이는 더 쉽게 병에 걸린다. 그래서 결혼할 나이가 되었을 때쯤이면 이미 열 다섯 명의 남자 아이가 죽은 상태이다. 따라서 여자 백 명에 남자 백 명의 비율이 유지되는 것이다.

그런데 세계대전 이후 오랫동안 유지되어 온 115대 100이라는 탄생 비율이 갑자기 무너졌다. 그것은 자연이 균형을 유지하기 원한다는 것을 암시한다. 세계대전 후에는 여자 아이 백 명당 백 사십, 또는 백 오십 명의 남자 아이가 태어나기 시작했다. 예전의 비율을 회복해야 했기 때문이다.

만일 모든 사람이 네 명의 여자와 결혼하기 시작한다면 여자를 얻지 못한 세 명의 남자들은 어찌될 것인가? 그들이 가만히 앉아서 구경만 하겠는가? 그들은 사회 전체를 붕괴시킬 것이다. 그들을 위해 창녀가 마련되어야 할 것이다. 그들은 온갖 성범죄를 저지를 것이다. 그리고 그대는 네 명의 부인을 보호하기 위해 진땀을 흘릴 것이다. 결혼하지 못한 세 명의 남자들이 주변을 배회하고 있지 않은가?

게다가 네 명의 부인을 평등하게 사랑할 수 없다는 것 또한 위험 요소이다. 그대는 한 명의 부인을 더 사랑할 것이 틀림없다. 네 명의 부인이 똑같이 아름답지는 않을 것이다. 따라서 네 명의 부인 사이에는 서로 남편을 차지하기 위한 음모와 질투, 싸움이 끊이질 않을 것이다. 그리고 밖에는 여자를 찾는 세 명의 남자가 어슬렁거리고 있다. 그대의 인생은 안팎으로 투쟁의 연속이 될 것이다.

신이 이런 메시지를 보냈겠는가?

만일 그대가 모하메드교인에게 이것은 어리석은 짓이며, 신이 그런 실수를 저질렀을 리 없다고 따진다면……. 태초에 신은 한 명의 남자와 한 명의 여자를 창조했다. 그것은 신이 균형을 원한다는 확실한 증거이다. 그는 한 명의 아담과 한 명의 이브를 창조했지 네 명의 이브를 만들지는 않았다. 한 명의 이브만으로도 아담의 평화를 깨기에 충분했다. 한 명의 이브만으로도 아담을 하늘 나라에서 끌어내기에 모자람이 없었다.

신은 남녀 각각 한 명씩을 창조했다. 그것은 존재계에 어떤 균형이 필요하다는 확실한 증거이다. 최소한 네 명의 여자와 결혼할 권리가 있다는 모하메드교인들의 발상은 그 시대의 비상 수단이었을 뿐이다. 그것은 신의 명령도 아니며 영원한 진리도 아니다.

그 당시 사우디아라비아는 특수한 상황에 있었다. 계속되는 전쟁으로 인해 수많은 남자들이 죽었다. 그래서 한 명의 남자가 네 명의 여자와 결혼하지 않는다면 나머지 세 여자는 짝을 찾을 수 없었고 그것은 큰 사회 문제가 될 판이었다. 따라서 그것은 단지 특수한 상황의 문제였을 뿐, 영구 불변의 원칙이 될 수는 없다.

그런데 오늘날까지도 그런 원칙이 고수되고 있다. 심지어 사우디아라비아와 멀리 떨어진 인도의 헌법마저 모하메드교인은 네 명의 여자와 동시에 결혼할 수 있다고 명시해 놓고 있다. 그런데 이제 모하메드교인들은 그들 스스로 네 명의 여자를 찾기가 불가능하다. 그래서 그들은 다른 사람의 부인이나 딸을 납치해야 할 형편이다.

그들은 힌두교인과 같이 살 수 없다고 주장하는 독립국을 갖고 있다. 그러면서도 인도 내에 또 독립된 영토를 원한다. 지금 본래의 인도는 방글라데시, 파키스탄, 힌두스탄의 세 나라로 갈라졌다. 인도는 지금도 모하메드교인의 숫자가 가장 많은 나라이다. 어떤 나라도 인도만큼 모하메드교인이 많지 않다.

어떻게 이런 일이 벌어졌는가? 네 명의 부인과 결혼한 사람은 당연히 일년에 네 명의 아이를 낳을 수 있다. 만일 네 명의 여자가 한 명의 남자와 결혼한다면…… . 내 말은 네 명의 남자가 한 명의 여자와 결혼한다면 일년에 한 명의 아이밖에 낳을 수 없다는 말이다. 나는 실수했다! 나는 완전무결한 사람이 아니다. 그대는 이것을 명심해야 한다. 나는 예언자도 아니고 메시아도 아니다. 나는 어떤 신도 인정하지 않는다. 나는 그저 나 자신일 뿐이다. 왜 내가 허무맹랑한 신에 봉사하는 예언자나 메시아가 되어야 한단 말인가? 나는 우체부가 아니다! 모든 예언자는 우체부이다. 그런데 그들은 자신을 대단한 사람으로 생각한다.

임제는 이런 미신을 버리라고 말한다. 그는 매우 분명하다.

"이 눈먼 바보들아! 그대들은 평생 그런 견해를 간직한 채 살아가면서 스스로 두 눈을 가리고 있다. 위대한 선사들만이 감히 붓다와 조사를 비방한다. 옛 선인들은 어딜 가더라도 사람들이 믿어주질 않아 추방되고 나서야 비로소 그 가치를 인정받았다. 만일 그들이 가는 곳마다 인정받았다면 그런 사람들이 무슨 훌륭한 점이 있겠는가? 그래서 '사자가 한 번 포효하면 여우의 머리통이 깨진다'고 말하는 것이다."

매우 독특하고 의미심장한 말이다. 만일 그대가 모든 사람에게 인정된다면 그것은 그대가 세속적인 군중에 속해 있음을 의미한다고 임제는 말한다. 그때, 그대는 마하트마 간디이지 소크라테스가 아니다.

진리의 인간은 화형당하거나, 돌에 맞거나, 독살당하거나, 십자가형을 당할 수밖에 없다. 왜냐하면 그는 군중과 그들이 위안으로 삼는 모든 것에 반기를 들 것이기 때문이다. 그는 군중의 경전에 나와 있지 않은 말을 할 것이다. 심지어 그는 군중의 경전에 반대되는 말을 할지도 모른다.

그대는 아주 구체적인 본보기를 볼 수 있다……. 나를 보라! 나는 평생 동안 아무에게도 해를 끼친 적이 없다. 그런데 전세계가 나를 비난한다. 그 간단한 이유는 내가 위안으로 삼을 수 있는 어떤 거짓도 받아들이지 않기 때문이다. 위안은 오직 겁쟁이들을 위한 것이다. 그것은 천박한 군중에게나 어울리는 것이다.

진리의 인간은 수십 세기 동안 그대의 주변을 장식하고 있는 경전들, 세월이 흐르면서 더 화려해진 많은 경전들과 모순될 것이다. 그는 소위 종교 지도자라고 불리는 사람들을 부정할 것이다.

임제는 말한다.

"설령 붓다가 말한다 해도……."

―임제는 붓다의 추종자가 아니다―

"붓다의 말이 나의 경험과 맞지 않는다면 나는 그를 반박할 것이다."

이것이 선의 전통이다. 생생하게 살아 있는 전통이다. 그들은 붓다를 숭배할 것이다. 그들은 불상 앞에 꽃과 노래를 바칠 것이다. 그러나 경험에 관한 한, 그들은 붓다가 반대한다 해도 개의치 않는다. 그들은 자신의 의식을 신뢰한다. 자신의 의식에 관한 한, 그들은 고탐 붓다조차 반박할 것이다.

보통 사람들은 이것을 이해하지 못한다. 그들의 생각에 따르면 그대는 붓다를 숭배하거나 숭배하지 않거나 둘 중의 하나이다. 그러나 임제는 그대가 붓다에 동의하지 않아도 그를 사랑할 수 있다고 말한다.

한 개인으로 놓고 볼 때 붓다는 진정 사랑받을 만한 자격이 있었다. 지구 위를 걸었던 사람들 중에 그처럼 우아한 사람은 없었다. 그러나 이것은 그가 완벽하다는 뜻이 아니다. 그는 많은 실수를 저질렀다. 진리의 인간은 붓다를 따르고 사랑하고 존경하고 감사한다 해도 붓다를 남김 없이 폭로할 것이다. 사랑하고 존경한다는 것이 곧 옳지 않은 것을 묵과해야 한다는 뜻은 아니다.

임제는 말한다.

"위대한 선사들만이 감히 붓다와 조사를 비방한다. 옛 선인들은 어딜 가더라도 사람들이 믿어주질 않아……."

선은 추종자를 원치 않는다. 진리를 경험하든지, 아니면 집에 가서 애나 봐라! 경험이 전부이다. 신앙은 아무 도움도 되지 않는다.

선사를 따르는 사람들은 추종자가 아니었다. 그들은 스승과 같은 길을 여행하는 동료였다. 그들은 스승의 깨달음을 즐기고 있었다. 그들은 스승의 지혜를 마시고 있었으며, 스승과 똑같은 경험을 얻을 수 있는 길을 찾고 있었다. 그들은 모든 질문과 대답이 사라지고 오직 순진무구함만 남는 경지를 위해 매진하고 있었다. 그들은 결코 추종자가 아니었다. 그런데 일반 대중은 이것을 이해하기가 매우 어렵다.

삼십여 년 전쯤, 나는 힌두교 승려와 같이 여행한 적이 있다. 그는 북인도에서 잘 알려진 사람이었다. 그가 내게 물었다.

"당신은 추종자가 얼마나 되오?"
내가 말했다.
"나에겐 단 한 명의 추종자도 없소."
그가 말했다.
"단 한 명의 추종자도 없다고? 그런데 사람들은 왜 당신을 스승으로 생각하는 거요?"
내가 말했다.
"스승의 자격은 추종자와 아무 관계도 없소. 그렇지 않다면 추종자가 많을수록 더 위대한 스승이 될 것이오. 그렇게 되면 아무도 교황을 따를 자가 없소. 그는 육 억의 카톨릭 교인이 있으니 가장 위대한 스승이 될 게 아니겠소?"
나는 그에게 말했다.
"나에겐 동료 여행자들이 있고, 친구들이 있소……. 우정은 상대방에게 존경과 존엄성을 주오."
결코 추종자가 되지 마라. 추종자가 된다는 것은 그대 자신의 길을 찾을 생각은 않고 그림자처럼 다른 사람의 발자국을 따라간다는 뜻이다. 추종자는 나약한 사람들이다.
용기를 가진 사람은 자기만의 길을 발견한다. 그는 어떤 사람의 깨달음을 즐기고 그 사람을 스승이라 부르며 사랑할 수 있다. 그러나 스승은 결코 그를 추종자로 부르지 않을 것이다. 다만 약간 뒤쳐진 친구일 뿐이다. 몇 발자국만 더 나가면 그 또한 붓다가 될 수 있다. 그를 추종자로 전락시키는 것은 중대한 모욕이다. 그런데 모든 종교는 그같은 짓을 해왔다. 그들은 인류 전체를 노예로 전락시켰다.

옛 선인들은 어딜 가더라도 사람들이 믿어주질 않아…….

옛 선객들은 사람들이 믿음으로 매달리지 못하도록 단념시켰다. 오히려 사람들이 스스로를 믿도록 용기를 주었다. 이런 점에서 선은 여타 종교와 길을 달리한다. 여타 종교는 더 많은 신도, 더 많은 개종자를 원한다. 그것은 정치 게임이지 종교가 아니다.

인도에 교황이 왔을 때, 대통령과 수상은 그를 영접하기 위해 마중을 나갔다. 그들은 상카라차리야(shankaracharya)나 아차리야 툴시(Acharya Tulsi)를 마중 나간 적이 없다. 그들은 모하메드교의 수피(Sufi)를 마중 나간 적이 없다. 그런데 무슨 이유로 교황은 특별 대접을 받았는가? 교황의 뒤에는 육 억의 카톨릭 신자가 있기 때문이다. ㅡ그는 엄청난 정치 권력을 갖고 있다.

그러나 선(禪)은 정치 권력에 관심이 없다. 선은 전혀 다른 종류의 힘을 갖는다. 그것은 사랑의 힘이다. 사랑의 힘은 그대를 노예나 그림자로 전락시키지 않는다. 오히려 그대를 스승과 똑같은 경지로 끌어올린다.

고탐 붓다는 이렇게 말한 것으로 전해진다.

"나와 함께 있는 모든 사람이 붓다가 되지 않는 한, 나는 만족하지 않을 것이다. 만일 그대들이 내가 즐거워하고 행복해지기를 원한다면 다른 데 시간을 낭비하지 마라. 붓다가 되라!"

얼마나 인간적이고 존경스러운 말인가? 그는 또 한 가지 매우 중요한 말을……그 말을 하기 전에……인도에는 한 명의 중요한 사상가가 있다. 그의 이름은 마하트마 브하그완딘(Mahatma Bhagwandin)이다. '마하트마'라는 칭호를 받은 사람은 간디와 브하그완딘 두 사람밖에 없다. 마하트마 간디는 정치가였다. 그의 모든 행동은 표를 모으기 위한 것이었다. 그러나 마하트마 브하그완딘은 매우 독창적인 사상가였다. 순전히 우연이었지만 나는 그와 회합이나 다른 장소에서 가끔씩 만나곤 했다. 그는 나를 사랑했다.

그가 죽던 날, 나는 우연히 나그푸르(Nagpur)에 있었다. 그 당시 나는 찬다(Chaanda)와 와르드하(Wardha)에서 나그푸르에 이르기까지 강의 여행을 하고 있었다. 그날 나는 나그푸르 대학에서 강의를 하기로 되어 있었다. 그런데 강의를 시작하기 직전, 어떤 사람이 와서 브하그완딘이 임종 직전이라고 전했다. 그래서 나는 강의를 포기하고 그를 만나러 갔다.

그는 완전히 피골이 상접해 있었다. 그는 내 손을 잡고 말했다.
"뜻밖에도 그대가 여기에 오다니 정말 기쁘다. 나는 항상 그대에게 하고 싶은 말이 있었다. 이제 시간이 많지 않으니 그 말을 해야겠다. 그대는 평생 동안 박해받는 삶을 살 것이다. 수많은 사람들이 그대를 비난할 것이다. 왜냐하면 그대의 말은 대중의 마음에 어긋나기 때문이다. 그러나 무슨 일이 있어도 그대의 길을 바꾸지 마라. 설령 십자가에 매달린다 해도 그것은 중요한 문제가 아니다. 중요한 것은 진리가 선포되어야 한다는 것이다!"

임제는 말한다. 이 옛 스승들은 내쫓김을 당한 뒤에야 비로소 가치를 인정받았다. 군중은 그들에게 돌을 던지고 추방했다. 그리고 그들에 관해 온갖 소문과 거짓말을 퍼뜨렸다. 그 다음에야 비로소 스승들은 인정받기 시작했다.

만일 그들이 가는 곳마다 인정받았다면 그런 사람들이 무슨 훌륭한 점이 있겠는가?

임제는 매우 의미심장한 말을 하고 있다. 만일 그대가 가는 곳마다 환영받고 존경받는다면 그것은 단지 그대가 아무 쓸모도 없는 인간이라는 것을 암시할 뿐이다. 그것은 그대가 교활한 외교관이며 사람들의 마음에 드는 말만 할 뿐, 대중의 마음에 상처를 입히는 말은 절대로 하지 않는다는 뜻이다. 그대는 가슴에서 우러나오는 말, 경험에서 우러나오는 말을 하지 않는다. 그대는 다만 사람들을 관찰하고 그들이 듣고 싶어하는 말을 할 뿐이다.

이것이 성직자와 소위 성자라는 자들이 하고 있는 일이다. 그들은 그대가 원하는 말을 앵무새처럼 반복한다. 그것은 악순환의 연결고리를 이룬다. 그대는 어떤 말을 듣고 싶어하고, 그들은 그 말을 반복한다. 그들은 그대의 존경을 받게 된다. 왜냐하면 그대의 거짓을 진실로 확인시켜 주고 위안을 주기 때문이다. 그대는 그들을 성자로 높이 찬양한다. 그러나 성자들은 단 한 번도 혁명적이지 않았다.

나는 소위 성자라는 자들이 매우 교활한 외교관이라는 사실을 분명하게 말하고 싶다. 그대가 무엇을 원하든 그들은 그대의 구미에 맞게 행동한다. 그들은 그대가 아무리 어리석은 믿음을 갖는다 해도 그 믿음을 옳은 것으로 확인시켜 준다. 그래서 그대의 눈에 그들은 위대한 사람으로 비치게 된다.

진정으로 위대한 사람들은 그대가 처형한 사람들이다. 그들의 실수라면 그대를 위로해 주지 않았다는 것이다. 그들은 사실과 진리를 있는 그대로 솔직하게 말했다. 그 진리는 사자의 포효이다.

 "그래서 '사자가 한 번 포효하면 여우의 머리통이 깨진다'고 말하는 것이다."

보통의 저능아 같은 인류……내가 저능아라는 말을 쓰는 데에는 나름대로 이유가 있다. 1차 대전 이후, 심리학자들은 인간의 지성을 측정할 수 있는 방법을 개발했다. 그들은 군인들의 지성을 측정해 보고 경악을 금치 못했다. 인간이 백 퍼센트의 지성을 가질 수 있다고 가정한다면, 그들 모두가 십사 퍼센트 이하였다. 십사 퍼센트라면 지성의 발육이 매우 부진한 상태이다.

인도 의회의 대변인인 록 사바(Lok Sabha)는 나에 대해 매우 화를 냈다. 왜냐하면 내가 인도의 정치인 모두가 저능아라고 말했기 때문이다. 그는 내게 이런 편지를 보내 왔다.

"당신은 의회를 모욕했다. 당신은 마땅한 해명을 해야 할 것이다. 그렇지 않으면 법률적인 행동을 취하겠다!"

나는 나의 비서인 닐람(Neelam)에게 답장을 쓰라고 말했다. 그 답장에서 나는 다음과 같은 말을 쓰라고 닐람에게 지시했다.

"나는 일단의 심리학자들을 의회에 보내서 의원들의 지성을 검사할 준비가 되어 있다. 만일 그들의 지성이 십사 퍼센트 이하라면 당신은 사표를 내야 할 것이다. 그리고 그들이 십사 퍼센트 이상이라면 나는 어떠한 처벌도 달게 받겠다.

법률적인 판단은 무의미하다. 내가 옳은지 그른지 판명할 수 있는 유일한 방법은 의원 모두에게 심리 테스트를 해보는 것이다. 결과에 따라 당신을 포함하여 그들 모두가 사표를 내거나, 아니면 내가 처벌을 받거나 둘 중의 하나일 것이다. 법정에 갈 필요도 없다. 내가 틀린 것으로 판명된다면 록 사바 당신 마음대로 어떤 처벌을 내려도 좋다.

나는 완벽하게 준비가 되어 있다!"

나는 거의 2년 동안 회신을 기다리고 있다. 그런데 그는 지금까지 침묵을 지키고 있다. 그는 내가 문제를 일으킬 것이라는 것을 잘 알고 있다. 그 정치가들은 일반 대중에 의해 뽑힌 사람들이다. 그들은 일반 대중을 대표한다. 그들은 지성적이지 못하다.

록 사바는 사태를 잘 파악하고 있었음에 틀림없다. 그는 의원들이 서로 주장을 내세우며 신발을 집어 던지고, 주먹을 휘두르고, 경찰에 의해 의회 밖으로 질질 끌려 나오고 하는 작태를 잘 알고 있다. 그들의 모든 행동은 그들에게 지성이 결여되었음을 보여주는 좋은 증거이다. 다만 그들은 대중을 설득할 만한 꾀를 가지고 있다. 대중은 그들보다 더 수준이 낮기 때문이다.

그의 침묵은 훌륭하다. 그것은 만일 심리 테스트가 행해져서 의원들 모두가 지성이 결여된 것으로 판명될 경우 범세계적으로 소란이 일어날 것이라는 것을 그가 잘 알고 있다는 증거이다. 한심한 결과가 나올 가능성은 얼마든지 있다……. 그 자신이 날마다 의회에서 무슨 일이 벌어지는지 잘 알고 있지 않은가?

임제는 말한다.

"옛 선인들은 어딜 가더라도 사람들이 믿어주질 않아 추방되고 나서야 비로소 그 가치를 인정받았다. 만일 그들이 가는 곳마다 인정받았다면 그런 사람들이 무슨 훌륭한 점이 있겠는가? 그래서 '사자가 한 번 포효하면 여우의 머리통이 깨진다'고 말하는 것이다."

궁극적 지성에 도달한 단 한 명만으로도 전세계를 반대 세력으로 몰기에 충분하다. 21개국이 나의 입국을 금지했다. 이상한 일이다……. 3주일짜리 관광 비자를 가진 내가 무엇을 할 수 있겠는가? 나는 테러리스트가 아니다. 나는 폭탄을 갖고 다니지 않는다. 나는 어떤 종류의 폭력에도 절대 반대한다. 그런데 각국의 의회는 단 한 사람의 연대자도 없이 나의 입국을 금지하는 결정을 내렸다. 뿐만 아니라 나의 비행기가 연료를 넣기 위해 그들의 국제공항에 내리는 것도 금지했다. 그들은 나의 입국이 그들의 도덕성을 손상시킬 것이라고 말한다. 시내에서 수마일 떨어진 공항에 내리는 것만으로도 내가 그들의 도덕성, 그들의 종교, 그들의 생활방식과 전통, 그들의 정통성에 먹칠을 할 것이라고 말한다. 그저 내 비행기가 공항에 서 있는 것만으로도…….

가장 지성적인 나라로 평가되는 영국에서 나는 단 여섯 시간밖에 머물 수 없었다. 내가 원한 것은 공항 라운지에 들어가 휴식을 취하는 것이 전부였다. 나는 전용 비행기와 파일럿이 있었지만 상업용 비행기의 일등칸 티켓을 구입했다. 그들이 공항 라운지는 일등칸 티켓을 가진 사람들에게만 허용된다고 변명할 수 없도록 하기 위함이었다.

공항의 우두머리는 아주 난처해 했다. 그가 말했다.

"나도 어쩔 수 없습니다. 내무부 장관이 전화를 걸어 당신이 라운지에 들어오는 것조차도 허용해서는 안된다고 말했습니다. 그는 위험한 사람입니다."

내가 말했다.

"내 짐을 검사해 보시오. 나는 폭탄을 가지고 다니지 않소. 내가 무슨 방법으로 영국의 도덕성과 종교를 손상시킬 수 있단 말이오? 만일 그렇게 쉽게 파괴될 종교와 도덕성이라면 그런 것들이 보존될 가치가 있는 것이오?"

그는 다시 내무부 장관에게 전화를 걸었다. 하지만 응답은 똑같았다. 만일 영국에 머물고 싶다면 감옥 안에서 여섯 시간 동안 머물 수 있다는 것이었다. 나는 어쩔 수 없이 감옥 안에 여섯 시간 동안 갇혀 있어야 했다. 왜냐하면 나의 파일럿이 더 이상 비행할 수 없기 때문이었다. 파일럿에게는 얼마 이상 비행할 수 없다는 비행 시간 규정이 있다. 만일 그 시간을 초과하면 법에 저촉된다. 그래서 나의 비행사는 여섯 시간 동안 휴식을 취해야 했다. 나를 비롯하여 나와 함께 여행 중이던 친구들은 감옥 안에서 쉬어야 했다. 그런 일이 영국 뿐만 아니라 여러 곳에서 일어났다. 이젠 거의 전세계가 나 한 사람에게 반대하고 있다.

　세상에서 가장 오래된 기독교 교회인 그리스 정교회의 대주교는 대통령과 국무총리를 협박했다. 나를 그리스에서 즉각 추방하지 않으면 나와 내 친구가 머물고 있는 집을 폭파시켜 버리겠다는 것이었다. 우리는 단 4주 간의 비자를 갖고 섬에 머물고 있었다. 우리는 그곳에 장기간 체류할 예정도 아니었다. 나는 내가 머물던 방갈로와 정원에서 단 한 발자국도 밖으로 나가지 않았다.

　그런데 가장 오랜 역사를 자랑하는 기독교 교회의 대주교는 원수를 사랑하라는 예수의 가르침을 까맣게 잊고 있었다……. 이것이 바로 우리가 살고 있는 세상이다. 세상은 힌두교, 모하메드교, 기독교 등 여러 가지 상표를 달고 있는 노예들로 가득 찼다. 선은 종교성(religiousness)에 대한 혁명이다.

　선은 미(美)의 종교이다.

　우파니샤드(Upanishad)에서는 궁극적 실체를 satyam(眞), shivam(善), sundram(美)이라는 말로 표현한다. 인간은 자신의 진리를 발견함에 의해서, 또는 자신의 신성함을 발견함에 의해서, 또는 자신의 영원한 아름다움을 발견함에 의해서 궁극에 도달할 수 있다.

　그중에서 선(禪)은 미(美)의 종교이다. 그런데 이상한 것은, 진선미 중에서 하나만 얻어도 나머지 둘은 자동적으로 따라온다는 사실이다. 만일 사트얌을 얻으면 시밤과 순드람은 자동적으로 따라온다. 진선미는 하나의 실체를 세 가지 관점에서 바라본 것이다.

　그런데 선(禪)의 심장은 아름다움이다. 그래서 선은 더욱더 창조적이다. 선은 훌륭한 시와 그림을 낳았다. 선은 궁도와 검도처럼 일반적인 것도 명상으로 바꾸어 놓았다. 선은 비창조적인 종교가 아니다. 선은 존재계에 더 많은 아름다움을 보태었다.

마니샤의 질문
깨달은 각자(覺者)들, 또는 아직 세상에 도래하지 않은 새로운 인간만이 스승과 동시대인이 될 수 있는 것입니까?

그렇다, 마니샤. 깨달음은 시간을 초월한다. 그러므로 모든 각자(覺者)는 동시대인이다. 그들 사이에 놓인 시간상의 거리는 문제가 안된다. 그들의 봉우리는 시간이라는 구름을 뚫고 솟아 있기 때문이다.

설령 두 사람 사이에 이천 오백 년, 또는 오천 년의 거리가 있다 해도 그것은 시간상의 거리일 뿐이다. 그 거리는 마음에 의해 측정된 것이다. 그런데 깨달음은 시간과 마음을 초월한다. 따라서 오직 깨달은 사람들만이 동시대인이 될 수 있다.

  깨닫지 못한 사람이라도 깨달음 안에서 폭발할 잠재성을 갖고 있는 사람은 지금 이 순간 붓다들의 세계 안에서 움직이고 있을 것이다. 지금 이 순간, 그는 고탐 붓다와 임제 옆에 서 있는 자신을 발견할 것이다.

  이런 이야기가 생각난다.

  하늘 나라의 조르바 붓다 라즈니쉬 레스토랑에 고탐 붓다, 공자, 노자가 둘러앉아 있었다. 그때 아주 젊고 아름다운 여자 산야신이 예쁜 단지를 들고 와서 말했다.

  "세 분 선생님께서는 인생의 맛을 보고 싶지 않으세요?"

  공자가 즉시 눈을 질끈 감더니 말했다.

  "됐소! 나는 삶과 관계된 것이라면 아무 것도 원치 않소!"

  붓다가 말했다.

  "나는 그게 무슨 맛인지 일단 한 모금만 마셔 봐야겠소."

  붓다는 항상 중도(中道)를 갔다. 그래서 그는 한 모금 홀짝 마시더니 말했다.

  "되게 쓰군!"

  여자는 노자에게도 똑같이 물어볼 참이었다. 그런데 노자는 여자가 뭐라고 입을 열기도 전에 단지째 잡아채더니 전부 마셔 버렸다.

  노자가 말했다.

  "통째로 마시지 않는 한, 당신들이 이 맛을 어찌 알겠소? 공자 당신은 멍청이요. 당신은 땅 위에서 그랬듯이 두 눈을 질끈 감아 버렸소. 붓다 당신도 땅 위에 있을 때와 똑같이 행동했소. 당신은 항상 중도(中道)를 가니까 말이오. 하지만 통째로 마시지 않는 한 당신은 이 맛을 모를 것이오."

그대는 붓다가 되었을 때, 각양각색의 사람들과 만나게 될 것이다. 그대는 과거의 모든 붓다들과 동시대인이 될 것이다. 그대는 지금 바로 이 순간 그렇게 될 가능성을 갖고 있다.

마니샤의 두 번째 질문
당신은 역사상 가장 대범하고 강력하게 인습에 맞서는 사람이 맞습니까?

마니샤, 불행하게도 나는 그런 사람이다.

4.
너무 거칠구나!

어느 날, 임제와 보화(普化)가 한 시주(施主)의 집에서 베푼 공양에 참석하고 있었다.
　　임제가 말했다.
　　"머리털 하나가 큰 바다를 삼키고 한 알의 겨자씨가 수미산(須彌山)을 담는다고 하는데, 이는 신통하고 묘한 작용인가, 아니면 근본 바탕이 그렇기 때문인가?"
　　보화는 밥상을 걷어차 엎어 버렸다.
　　임제가 소리쳤다.
　　"너무 거칠구나!"
　　보화가 반박했다.
　　"여기가 어디라고 거칠다 세련되다 떠드십니까?"

　　다음날, 임제와 보화가 다시 공양에 참석하고 있었다.
　　임제가 물었다.
　　"오늘 공양은 어제에 비해 어떤가?"
　　보화가 또 밥상을 걷어차 버렸다.
　　임제가 말했다.
　　"훌륭하긴 한데 너무 거칠구나!"
　　보화가 말했다.
　　"이 눈먼 작자야! 불법에 무슨 거칠고 세밀함이 있다고 떠드는가?"
　　임제가 혓바닥을 내밀었다.

너무 거칠구나!

마니샤, 이 짧지만 의미심장한 일화에 대해 이야기하기 전에, 라피아(Rafia)[1]가 가져온 선물을 신(神) 박물관에 소개해야겠다.

지난 몇 달 동안 미국의 거리에는 이상한 긴장감이 감돌았다. 거리에 너무 많은 차들이 넘쳤기 때문이다. 차에서 내려 걸어가는 것이 더 빠를 정도였다. 차에 타고 있는 사람들은 세 시간에서 다섯 시간 동안 꼼짝도 할 수 없었다. 인내심에도 한계가 있는 법이다. 그래서 몇몇 사람들이 총질을 하기 시작했다.

샌프란시스코와 로스엔젤레스에서는 여섯 명이 아무 이유도 없이 총에 맞았다. 다섯 시간 동안 교통이 막힌 결과였다. 사람들은 계속 경적을 울렸지만 한 치도 앞으로 나갈 수 없었다. 그들은 너무나 화가 났다—분노는 누구에게나 있다. 다만 밖으로 뛰쳐 나갈 기회를 노리고 있을 뿐이다.—그래서 그들은 전혀 알지도 못하는 사람들을 총으로 쏘았다. 총에 맞은 사람들도 교통을 막고 있는 원인이 아니었다. 그들 또한 길이 막혀서 꼼짝도 할 수 없는 상황이었다. 교통의 흐름이 왜 막혔는지 아는 사람은 아무도 없었다.

무슨 충돌 사고가 난 것인지, 아니면 트럭이 전복된 것인지 알 수 없었다.

일주일만에 여섯 명이 죽었다. 상황이 이렇게 돌아가자, 자동차를 모는 사람들은 너도 나도 권총을 구입하기 시작했다. 누군가를 죽이지 않는다 해도 최소한 자기 방어라도 할 목적이었다.

그러나 사태는 더 악화되었다. 왜냐하면 미국에서는 권총을 소지하는 데 아무 자격증도 필요 없기 때문이다. 미국인들은 총포상에서 쉽게 총기를 구입할 수 있다. 판매인에게는 자격증이 필요하지만 구매인에게는 필요하지 않다. 생명을 위협하는 무기를 사람들에

---

[1] 오쇼의 제자.

게 마구 허용하는 것은 어리석은 일이다. 그러나 미국의 법률은 그 것을 허용한다.

이제 총기 휴대는 일종의 전통처럼 굳어졌다. 미국의 법률은 초창기부터 총기 휴대를 허용했다. 그것은 아메리카 인디언들을 죽이기 위함이었다. 인디언들은 동물처럼 학살당했다. 그들은 숲이나 산 속에서 추격당하고 사냥되었다. 이제 아메리카는 원주민들의 땅이 아니다. 아메리카 대륙 전체가 그렇다. 미국의 헌법은 자유에 대해 말한다. 발언의 자유와 개인의 생활을 보장한다고 한다. 그러나 그들 자신이 남의 땅을 점령한 사람들이 아닌가?

전세계는 눈이 먼 것 같다.

프랑스는 미국에 「자유의 여신상」을 선물했다. 그러나 미국은 오늘날 가장 큰 노예국가이다. 실제로 원래 아메리카의 주인이었던 인디언들은 다시 힘을 되찾기가 불가능할 정도로 노예화되어 있다. 그들은 완전히 불구가 되었다. 그들의 대부분은 학살당했으며 남은 사람들은 깊은 숲 속의 보호 구역에 살도록 강요당했다. 그들에게는 도시에 사는 것이 허용되지 않는다.

그들에게는 연금이 주어진다. 아마 사람들은 그것을 굉장한 자비심에서 나온 것으로 생각할지도 모른다. 그러나 인디언들에게 일이 아니라 연금을 주는 데에는 교활한 심리적 전술이 숨어 있다. 인디언들이 돈을 갖고 무엇을 하겠는가? 그들은 술을 먹고 창녀를 찾아가고 도박을 할 것이다. 그리고 더 많은 아이를 낳을 것이다. 왜냐하면 아이를 많이 낳을수록 연금을 많이 탈 수 있기 때문이다. 인디언들은 자유에 대해, 이 땅이 본래 자기들의 땅이라는 사실에 대해 완전히 잊었다.

그 당시에는 누구나 총기를 휴대할 수 있었다. 그리고 그 상황은 계속된다. 지금도 미국인들은 반자동이든 자동이든 거의 모든 종류의 총기를 구입할 수 있다.

그리고 정부가 여섯 명의 희생자가 났다고 발표한다면, 최소한 열여덟 명은 죽었다고 보는 것이 합당하다. 정부의 발표는 항상 거짓말이다. 그것이 적에 대한 발표일 때도 또한 거짓말이다.

얼마 전 러시아의 핵 발전소에서 사고가 났다. 그때, 미국의 라디오 방송국은 즉시 이백 명의 사람들이 죽었다고 발표했다.

"이백 명의 시체가 발견되었다. 그리고 그보다 더 많은 사람들이 불에 타 죽은 것으로 추정된다."

그러나 유럽의 기자단은 사태를 조사한 결과 단 네 명이 죽었다고 발표했다. 미국의 라디오 방송국은 사과 방송조차 하지 않았다. 이백 명의 사람이 죽고 그보다 더 많은 숫자가 불에 타 죽었을 것이라는 근거가 도대체 어디에서 나왔겠는가? 정부는 다른 나라에 연관된 사실도 거짓말을 하고 자기들 스스로에 대해서도 거짓말을 한다.

마치 거짓말이 정치가의 주요 기능처럼 보인다.

그리고 이 미친 인류는 끊임없이 전쟁에 관심을 가지는 것 같다. 역사를 돌이켜 보면 수많은 전쟁이 있었다. 그리고 한 번 전쟁이 일어날 때마다 수많은 생명이 사라졌다.

징기스칸은 사백만 명을 죽였으며 티무르(Tamerlane)[2]는 삼백만 명을 죽였다. 그들은 정교한 무기도 없는 상태에서 그렇게 많은 사람들을 학살했다. 다른 살인자들에 대해서는 자료가 정확치 않다. 알렉산더와 나폴레옹, 이반 더 테러블(Ivan the Terrible)[3]

---

[2] (1336-1405) 중앙 아시아의 정복자.
  티무르 제국을 건설하고 Samarkand를 도읍으로 삼았다.
[3] 러시아의 독재자.

등의 살인자들은……. 그들의 위대성은 얼마나 많은 사람을 죽였는 가에 의해 좌우된다. 아돌프 히틀러는 삼천만 명을 죽였다. 그리고 스탈린은 자기 국민들을 백만 명이나 죽였다.

마치 이 지구의 주요 목적이 살인에 있는 것처럼 보인다. 특히 오늘날 미국인들은 이 지구를 몇 번이나 파괴할 수 있을 정도로 엄청난 무기를 쌓아 놓고 있다. 그들도 그런 사실을 잘 알고 있다. 그들은 무기에 대해 편집증을 갖고 있는 것 같다.

라피아(Rafia)가 신(神) 박물관을 위해 작은 선물을 가져왔다. 이것은 장난감이 아니다. 이것은 처음에 장난감으로 소개되었다. 그런데 이제는 소위 지성적이고 문화적이라는 성인들도 이 물건을 갖고 다닌다. 심리학자들도 이 물건이 도움이 될 것이라고 제안한다. 만일 그대가 분노를 느낀다면 진짜 권총을 사용하는 것보다는 이 작은 도구를 사용하는 것이 더 낫다. 만일 고전적인 방법을 사용하고 싶다면, 그때는 중간에 있는 폭탄 스위치를……(오쇼는 검은색의 작은 박스를 청중들에게 겨누고 중간 버튼을 눌렀다. 그러자 폭탄 터지는 소리가 났다).

첫 번째 버튼은 살인 광선이다(오쇼가 왼쪽 버튼을 누르자 전기적인 사이렌 소리가 울렸다). 그 다음에 세 번째 버튼은 핵 미사일이다(오쇼는 오른쪽 버튼을 눌렀다. 그러자 미사일 날아가는 소리와 큰 폭발음이 들렸다).

바로 이런 버튼이 인류를 파멸시킬 것이다. 왜 사람들은 이런 장난감을 갖고 다니기 시작했는가? 심리학자들은 이것이 분노를 해소하는 데 도움이 된다고 말한다.

누구를 죽이고 싶다면 세 가지 방법을 쓸 수 있다. 적이 멀리 떨어져 있다면 핵 미사일을 쏘아라(오쇼가 버튼을 누르자, 더 많은 미사일이 날아가는 소리가 들렸다). 그리고 적이 가까이에 있다면 폭탄을 던지는 게 나을 것이다(오쇼가 다시 폭탄 버튼을 눌렀다).
 만일 물건을 파괴하지 않고 생명체만 죽이고 싶다면 살인 광선을 쏘는 게 좋을 것이다(오쇼는 살인 광선 버튼을 눌렀다. 그러자 광선 나가는 소리가 전보다 더 크게 들렸다).
 어른들까지 이 물건을 주머니에 넣고 다닌다. 이젠 살인 자체가 하나의 신이 된 것 같다. 전쟁의 신(war-god)이라는 신들이 있다. 그들의 유일한 기능은 전쟁을 일으키는 것이다. 그리고 파괴의 신들이 있다. 예를 들어, 힌두 신화에 나오는 시바(Shiva)가 그런 신이다. 그는 혼자서 인류 전체를 파멸시킬 것이다. 나는 로널드 레이건이 시바와 경쟁할 수 있으리라곤 생각하지 않는다. 하지만 그는 힌두 신화의 시바처럼 되기 위해 최선을 다하고 있다.
 이 작은 도구는 인간의 마음을 보여준다. 살인 광선은 생명체만 골라 죽인다. 집과 가구는 그대로 두고 살아 있는 것만 죽인다. 그대와 나무, 식물 등 살아 있는 것은 모두 파괴되고 죽은 것만 남을 것이다. 살아 있는 것이 모두 파괴되고 죽어 있는 물건들만 멀쩡하게 서 있는 장면을 상상해 보라. 그것은 악몽 같을 것이다.
 이 작은 도구는 고르바초프와 레이건이 가지고 다니는 것과 똑같은 복사품이다. 버튼만 누르면 이 지구상에서 생명체는 모두 사라질 것이다. 이토록 파괴가 쉬운 적은 없었다.
 모든 종교는 삶에 부정적이다. 그것이 인류의 마음속에 이토록 파괴적인 성향이 강해진 이유이다. 만일 종교가 사람들에게 침묵과 평화, 명상을 가르쳤다면, 삶을 사랑하고 춤을 사랑하도록 가르쳤다면, 레이건 같은 바보들은 태어나지도 않았을 것이다. 삶과 즐거움에 대한 사랑, 웃음과 춤, 노래, 음악에 대한 사랑을 파괴한 것은 모두 종교의 책임이다. 종교에 의해 모든 것이 부정되었다. 그 결과를 보라! 인간의 창조적 에너지는 자신을 파괴하는 데로 돌려지고 말았다.

　사람들이 그토록 파괴적인데 관심을 갖는 이유가 정확히 무엇인지 분석하는 사람은 아무도 없다. 창조의 즐거움은 어디로 사라졌는가? 그 모든 책임은 종교에 있다. 정치가들은 다만 종교가 설교한 관념에 따라 행동할 뿐이다. 그리고 삶을 부정하는 이데올로기는 위험하기 그지없다. 그것은 살인 광선보다, 핵 미사일보다 더 위험하다.

　우리가 이 세상을 파멸로부터 구하고 싶다면 — 붓다, 마하비라(Mahavira), 보리 달마(Bodhidharma)같은 사람을 낳은 이 세상을 구하고 싶다면…… 그토록 높은 의식의 경지에 도달할 능력이 있는 이 지구는 충분히 구제될 가치가 있다. 우주는 엄청나게 넓다. 하지만 우리와 필적할 만한 경지에 오른 생명체가 다른 곳에도 있다고는 확신할 수 없다. 우주에는 5백여 개의 행성에 생명체가 있을 것이라고 추측된다. 그러나 이것은 어디까지나 추측일 뿐이다.

　이 우주에 지구 외에도 붓다의 의식에 도달한 행성이 있다고 자신있게 말할 수 있는 사람은 아무도 없다. 그런데 사람들은 이 지구를 파괴하고 있다. 이 광막한 우주에서 유일하게 의식의 최고 경지에 오른 혹성을 파괴하고 있다. 그것은 인류에 대한 범죄에 그치는 것이 아니다. 그것은 우주 전체에 대한 범죄이다.

　전쟁은 신이 아니다. 인간이 전쟁에 희생되어서는 안된다. 인류를 시시각각 다가오는 파멸로부터 구할 수 있는 유일한 길은 더 많은 사랑과 더 많은 명상을 퍼뜨리는 것 뿐이다. 더 많은 자유, 더 많은 개체성(individuality)을 확산시키는 길밖에 없다. 삶을 더 적극적으로 긍정하는 것, 그것이 이 지구와 그 무한한 가능성을 파괴로부터 구할 수 있는 유일한 길이다.

대부분의 인류가 미치광이 상태에서 싸움을 그치지 않는다 해도 극소수의 사람들은 창조적인 행위를 하고 있다. 레오나르도 다빈치, 미켈란젤로, 톨스토이, 도스토예프스키, 우리는 이런 사람들을 자랑할 수 있다. 우리는 장자와 임제를 자랑할 수 있다. 군중들의 광기에도 불구하고, 수천 송이의 꽃이 피어나 만개했다. 그리고 그 꽃들은 지금도 살아서 향기를 전하고 있다.

어떻게 해서든지 정치가들을 막아야 한다. 왜냐하면 지구의 멸망은 이 인류를 파멸시키는 데 그치는 것이 아니라, 이 우주에서 유일하게 생명체가 존재하는 행성을 파괴하는 짓이기 때문이다. 지구는 인류를 탄생시키는 데 사백만 년이나 걸렸다. 그리고 모든 인간은 붓다가 될 수 있다. 그렇게 되기까지는 사백만 년이 더 필요할지 모른다.

한 명의 붓다는 말할 수 없는 아름다움과 우아함을 갖는다. 그런데 모든 사람이 붓다가 될 수 있는 이 지구 전체를 무덤으로 만든다는 것은 가장 큰 죄악이다. 하지만 그 죄악은 기록되지도 않을 것이다. 기록할 사람이 없을 것이기 때문이다. 모든 사람이 화염 속에 사라질 것이다. 승자도 패자도 없을 것이다. 단 십 분만에 세상이 뒤바뀔 것이다. 만일 러시아가 전쟁을 시작한다면, 단 십 분만에 미국의 미사일이 날아가고 있을 것이다. 그리고 미국이 전쟁을 시작한다면 단 십 분만에 러시아의 미사일이 미국을 향해 날아오고 있을 것이다.

단 십 분만에……수백만 번의 전쟁을 합친 것보다 더 큰 화염 속에 모든 인간이 산 채로 타버릴 것이다. 인간 뿐만 아니라 동물, 나무 등 살아 있는 생명체 모두가 사라질 것이다.

라피아가 가져온 이 선물은 매우 의미심장하다. 왜냐하면 전쟁은 아직 신으로 공언된 바는 없지만, 사실상 이 미친 인류의 신이기 때문이다.

신박물관(神博物館)의 관장인 아비르바바(Avirbhava)는 몸이 아파 이 자리에 나오지 못했다. 그러니 부관장인 아난도(Anando)가 이 물건을 박물관에 갖다 놓도록 하라.

(아난도가 앞으로 나가 그 작은 장난감을 받았다. 그리고 자리에 앉는 순간, 우연히 버튼을 건드려서 미사일 날아가는 소리가 났다. 오쇼를 비롯하여 모든 사람이 웃음을 터뜨렸다.)

여기서는 폭탄을 쏘지 마라!

마니샤가 가져온 일화는 아주 짧다. 그러나 매우 이해하기 힘들다. 많은 사람들이 그 의미도 모르면서 이 일화를 읽었을 것이다. 그대는 이 일화를 분명하게 이해해야 한다.

여기에는 아주 중요한 의미가 담겨 있다. 물론, 선(禪)적인 방식으로……

어느 날, 임제와 보화(普化)가 한 시주(施主)의 집에서 베푼 공양에 참석하고 있었다.

임제가 말했다.

"머리털 하나가 큰 바다를 삼키고 한 알의 겨자씨가 수미산(須彌山)을 담는다고 하는데, 이는 신통하고 묘한 작용인가, 아니면 근본 바탕이 그렇기 때문인가?"

임제는 매우 의미심장한 말을 하고 있다. 그대는 작은 겨자씨 하나가 지구 전체를 푸르게 만들 수 있다는 사실에 대해 생각해 본 적이 있는가? 단 하나의 씨앗이 무한한 가능성을 품고 있다. 먼저 그 씨앗은 하나의 식물이 될 것이다. 그 식물은 수백 개의 씨앗을 낳을 것이며, 씨앗마다 다시 하나의 식물이 될 것이다. 그렇게 끝없는 연쇄 작용이 일어날 것이다. 지구 전체를 푸르게 만드는 데에는 단 하나의 씨앗만 있어도 된다.

가장 작은 생명 안에도 영원한 생명이 들어 있다고 임제는 말한다. 크건 작건 아무 차이도 없다.

임제는 의미심장한 말을 하고 있는 중이다. 그런데…….

보화는 밥상을 걷어차 엎어 버렸다.
임제가 소리쳤다.
"너무 거칠구나!"

제자는 아무 말도 않고 밥상을 걷어차 버렸다. 그는 무엇을 말하고 있는 것일까? 보화는 임제의 측근 제자이다. 그는 이렇게 말한다.

"이곳은 그토록 중요하고 엄청난 의미를 지닌 말을 하기에 적당한 장소가 아닙니다. 여기 공양에 참석하고 있는 사람들은 스승님의 말을 이해하지 못합니다."

스승이 말했다.

"너무 거칠구나!"

임제는 말한다

"네가 이렇게 거칠게 굴리라곤 생각하지 못했다. 너는 좀더 세련되게 행동할 수도 있었다. 너는 내게 이렇게 말할 수도 있었다. '이곳은 그토록 중요한 말씀을 하시기에 적당한 장소가 아닙니다. 훌륭한 말은 오직 훌륭한 사람들에게 들려줘야 합니다. 가슴이 열리고 무심이 침묵에 든 사람만이 스승님의 말씀을 이해할 것입니다'라고 말이다."

보화가 반박했다.
"여기가 어디라고 거칠다 세련되다 떠드십니까?"

다음날, 임제와 보화가 다시 공양에 참석하고 있었다.
임제가 물었다.
"오늘 공양은 어제에 비해 어떤가?"
보화가 또 밥상을 걷어차 버렸다.
임제가 말했다.
"훌륭하긴 한데 너무 거칠구나!"
보화가 말했다.
"이 눈먼 작자야! 불법에 무슨 거칠고 세밀함이 있다고 떠드는가?"
임제가 혓바닥을 내밀었다.

선은 매우 유쾌한 종교이다. 임제는 제자에게 혓바닥을 내밀었다. 그것은 유례 없는 일이다. 세상의 어떤 스승도 그런 적이 없었다. 그러나 선은 스승의 행동은 무엇이든지 중요한 의미가 있다는 절대적인 확신을 갖는다. 그래서 선은 스승의 모든 행동을 받아들인다. 임제는 보화를 비난하고 있는 것이 아니다. 다만 보화를 놀려주고 있을 뿐이다.

임제는 이렇게 말한다.
"장소가 어디든, 그들이 이해하든 못하든 나는 얼마든지 중요한 말을 할 수 있다. 내 말은 씨앗처럼 그들의 가슴에 심어진다. 오늘은 아닐지라도, 내일이나 모레 비가 오기만 하면 씨앗은 싹을 틔울지도 모른다."

그대는 오늘 스승의 말을 이해하지 못하거나 무시할 수도 있다. 그러나 내일 어떻게 될지 누가 아는가? 내일 그대는 자신의 무의식적인 마음에 소중한 씨앗 하나가 심어졌다는 것을 불현듯 깨닫게 될지도 모른다.

임제의 관점에 따르면, 상대방이 이해하느냐 이해하지 못하느냐는 중요한 문제가 아니다. 그대가 무엇인가 갖고 있다면 그것을 나누어 주라. 상대방에게 그것을 받을 자격이 있는지 없는지 개의치 마라.

임제는 보화에게 이렇게 말한다.

"모든 인간은 선천적으로 붓다이다. 그들은 머지않아 그것을 이해하게 될 것이다. 그대가 살아 있는 동안에는 그런 일이 일어나지 않을지도 모른다. 하지만 언젠가 그것을 알게 될 날이 올 것이다. 그때가 되면 그들은 땅에 엎드려 절하며 감사할 것이다. 그들이 준비가 되지 않았음에도 불구하고 존재계의 문을 여는 열쇠를 전해 준 그대를 회상하며 존경을 표할 것이다."

임제는 보화에 동의하지 않는다. 보화의 관점은 매우 일반적이고 현실적이다. 보화는 말한다.

"도대체 준비가 되지도 않은 사람들에게 그 따위 말을 하는 것이 무슨 소용이란 말입니까?"

그러나 이 순간은 이해할 수 없다 해도…… 그대는 한밤중에 불현듯 그것을 이해하게 될지도 모른다. 고요하게 침묵하고 있을 때 문득 자신이 놓치고 있었던 것을 알게 될지도 모른다. 아침에 그것을 이해하지 못하고 저녁에 문득 알게 된다 해도 시간은 중요한 문제가 아니다. 그것을 이해하는 때는 항상 이른 시간이다.

임제는 위대한 스승의 관점에 서 있다.

예수의 말이 생각난다. 보화는 예수의 말에 전적으로 동의할 것이다.

예수는 이렇게 말했다.

"아무데나 씨앗을 뿌리지 마라. 씨앗은 바위 위에 떨어질지도 모르고, 길 위에 떨어질지도 모른다. 또는 사람들이 걸어다니는 밭 둑에 떨어질 수도 있다. 그 씨앗은 싹튼다 해도 곧 죽어버릴 것이다. 좋은 땅을 골라서 씨앗을 뿌려라."

보화는 이 말에 전적으로 동의할 것이다. 그러나 이 말은 풍요로움에서 나온 말이 아니다. 흘러 넘치는 에너지에서 나온 말이 아니다. 이것은 인색한 사람의 관점이다.

임제는 말한다.

"씨앗이 어디에 떨어지든 상관하지 마라! 바위도 때로는 좋은 토양이 될 수 있다. 그런 문제에 개의치 마라. 그대는 더 많이 줄수록 더 많이 갖게 된다. 그러므로 설령 씨앗이 척박한 곳에 떨어진다 해도 문제될 게 없다. 그대는 선택해서는 안된다. 그것은 그대의 판단이다. 도대체 그대가 누구길래 어떤 사람은 자격이 있고, 어떤 사람은 자격이 없다고 판단한단 말인가?"

비록 보화가 더 실제적인 것처럼 보이긴 하지만 임제는 완벽하게 옳다. 어쨌든 보화 역시 이 일화에서 뭔가 공헌하고 있다. 끝에 가서 보화는 이렇게 말한다.

"이 눈먼 작자야! 불법에 무슨 거칠고 세밀함이 있다고 떠드는가?"

임제는 '밥상을 걷어차다니, 너무 거칠구나!' 하고 말했다. 그러자 보화는 이렇게 말했다.

"이 눈먼 작자야! 불법에 무슨 거칠고 세밀함이 있다고 떠드는가?"

이 말은 옳다. 불법(buddha-dharma)은 거칠고 세밀함과 무관하다. 불법은 이 둘을 초월한다. 그러자 임제는 혓바닥을 내밀었다. 이것은 보화를 놀려주기 위함이다. 임제는 보화의 말을 부정하는 것이 아니다.

이 일화는 매우 이상하다. 실제적인 측면에서 보면 보화가 옳고, 궁극적인 측면에서 보면 임제가 옳다. 둘 다 옳다. 다만 그들의 옳음이 각기 다른 관점과 연결되어 있을 뿐이다.

임제가 서 있는 관점은, 풍요로움에서 자기 자신을 나누어 주는 관점이다. 그는 비를 가득 품고 있는 비구름과 같다. 비가 어디에 떨어지든 상관할 바가 아니다. 그는 자신의 짐을 덜어야 한다.

보화 또한 옳다. 그러나 매우 낮은 수준이다.

보화는 이렇게 말한다.

"당신은 이해할 수 있는 사람에게만 통찰력을 나누어 주어야 합니다."

그러나 붓다가 이토록 인색하다면, 인간의 의식 안에 일어나는 중요한 폭발의 순간이 많이 줄어들 것이다. 왜냐하면 우연히 찾아온 방문객에게 돌연 깨달음의 불길이 치솟을 수도 있기 때문이다.

어떤 사람은 몇 년 동안 진리를 추구하면서 진리와 더 멀어질 수도 있다. 왜냐하면 엉뚱한 방향에서 헤매기 때문이다. 그래서 진리에 대한 추구 자체가 그를 진리에서 더 멀어지게 한다. 그리고 어떤 사람은 진리와 아무 관계도 없고, 진리에 대해 생각조차 해본 적이 없는 사람일지도 모른다. 그러나 그는 순진무구하고 아무 편견도 없는 사람일 수 있다. 그런 사람이 우연히 스승 곁에 왔다가 갑자기 각성의 불길로 타오르게 될지도 모른다. 삶은 이토록 신비한 것이다.

그대는 결코 알 수 없다. 그대 임의대로 판단해서는 안된다. 무엇인가 갖고 있다면 그것을 나누어 주라. 돌머리들에게도 나누어 주라. 그 돌머리들이 언젠가 붓다가 될지도 모른다. 모든 사람에게 나누어 주라. 눈먼 자, 귀 먹은 자, 가리지 말고 모두에게 나누어 주라. 언젠가 그들의 시대가 올 것이다. 단지 시간이 좀 걸릴 뿐이다. 모든 사람은 붓다가 되어 가고 있다. 모두가 깨달음의 길을 가고 있다. 아무리 길에서 멀리 벗어난 사람도 곧 돌아올 것이다. 그대는 자신의 존재와 그 가능성을 실현해야 할 운명이다.

이뀨(一休宗純)는 이렇게 읊었다.

쇠약한 다리에 짚신을 신고
노래를 벗 삼아 걷노라면
큰 기둥 하나가 나와 함께 움직이는구나.
뻐꾸기는 피를 토하듯 슬피 울고
어느덧 내 가슴에도 봄이 왔구나.

이뀨는 이렇게 말한다.
"나는 거지다. 가진 것이라곤 짚신 한 켤레밖에 없다. 다만 쇠약한 다리와 큰 기둥 하나가 나와 함께 걷는구나."

이 기둥은 무엇인가? 그대의 의식(consciousness)이 바로 그 기둥이다.

큰 기둥 하나가 나와 함께 움직이는구나.
뻐꾸기는 피를 토하듯 슬피 울고
어느덧 내 가슴에도 봄이 왔구나.

그대에게 돈이 있든 권력이 있든 그것은 중요한 문제가 아니다. 그대가 황제라 해도 중요한 문제가 아니다. 중요한 것은, 그대에게 의식의 기둥이 있느냐 하는 것이다. 그대의 내면이 온통 빛으로 가득 차고 한 점의 어둠도 없을 때, 바로 그 순간이 그대의 봄이다. 그때, 수천 송이의 꽃이 그대를 둘러싸고 만개할 것이다.

한 사람이 깨달을 때마다 온 존재계가 그것을 즐거워한다. 우리 모두는 깊이 연결되어 있기 때문이다. 그러므로 단 한 사람이 깨닫는다해도 그것은 존재계 전체의 즐거움이다. 인간 뿐만 아니라 나무들까지 기쁨에 춤출 것이다. 새들이 즐거움의 노래를 부를 것이며, 하늘은 그에 대한 엄청난 사랑으로 가득 찰 것이다. 하늘은 그의 머리 위에 축복의 꽃비를 뿌릴 것이다.

깨달음을 얻었을 때 그대는 환영받는 손님이 된다. 존재계의 모든 신비가 그대를 반긴다. 그대의 봄이 온 것이다.

마니샤의 질문
가슴을 통해 가는 수피(Sufi)의 길을 갈 때에는 어디에 헌신해야 옳겠습니까?

마니샤, 헌신하는 자는 모든 곳에 합당하다. 물론, 상황에 따라 차이가 있다.

수피즘(Sufism)에서는 신에게 헌신한다. 그래서 알 힐라즈 만수르(Al Hillaj Mansoor)[4]는 '나는 신이다!' 하고 소리쳤다. 헌신자는 신 안에서 사라진다. 그러나 신은 하나의 가설이다. 그러므로 수피즘의 헌신자는 아주 거대한 환상 속에 살고 있는 것이다. 그것은 마음의 투영이다.

선(禪)의 헌신자에게는 가설이 없다. 그는 가공의 신에게 헌신하지 않는다. 그는 어떤 허상에게도 헌신하지 않는다. 그는 살아 있는 스승에게 헌신한다. 그것은 허구가 아니다.

그것은 존재와 존재의 진정한 만남이다.

---

4) 이슬람의 신비주의자. 신비체험을 한 후 "나는 신이다!"라고 선포했다가 신성 모독으로 처형당했다.

그러니 선에는 헌신자가 설 자리가 없다고 생각하지 마라. 사실, 선에서 헌신자는 더욱더 진실되고 진정한 의미를 갖게 된다. 수피즘의 헌신은 다만 거대한 상상일 뿐이다. 물론 그 헌신은 많은 꽃을 피울 것이다. 헌신자를 지복의 상태로 끌어갈 것이다. 그러나 그것은 완전히 취해 있는 사람과 같다.

수피즘에 술과, 술을 날라다 주는 사키(saki)라는 여자, 그리고 여성으로 상상되는 신이 있다는 것은 우연한 일이 아니다. 수피의 상상에 깊이 몰두해 있는 사람은 거의 미친 것처럼 보인다. 그러나 그는 매우 기쁨이 넘치는 상태이다. 그는 춤추고 노래한다. 그의 모든 에너지는 상상에 의해 지배된다.

만일 어떤 사람이 술이나 마리화나에 취해 춤추고 노래 부른다 해도, 궁극적인 의미에서 거기에 무슨 중요성이 있겠는가? 그것은 다만 화학 작용일 뿐이다. 곧 화학 성분이 육체에서 빠져 나갈 것이다. 결국 그는 전보다 더 분열된 상태가 되어 세상에 돌아온다.

상상은 그대의 내면에 일종의 취기를 만들어 놓는다. 그런 까닭에 나는 어제 콜맨(Coleman)에게 이렇게 말했다.

"수피를 내게 데려와라. 그러면 그를 한 시간 안에 제정신으로 돌려 놓겠다. 그는 취한 상태에서 하늘을 붕붕 날고 있는 것이다."

LSD에 취한 사람들은 하늘을 날 수 있다고 생각하는 경우도 있다. 그들은 17층 높이의 건물에서 날았다고 생각한다. 그들에게 그것은 전혀 의심할 바 없는 분명한 사실이다. 그것은 용기나 결단의 문제가 아니다. LSD에 취해 있을 때 그들은 그것을 확실한 것으로 생각한다. 그리고 그들은 땅바닥에서 산산조각난 채 발견된다.

수피즘은 매우 낮은 단계이다. 그것은 쉽게 취하는 방법이다.

선의 길에도 분명히 헌신자가 있다. 다만 새로운 상황에 접할 뿐이다. 선의 헌신은 살아 있는 스승에게 더 가까이 다가가는 것이다.

선의 헌신은 가설에 불과한 신에게 다가가는 문제가 아니다. 그대는 상상을 통해 신에게 다가갈 수 있다. 그러나 상상의 위력이 얼마나 대단한지 그대는 모른다.

라마크리슈나(Ramakrishna)[5]에게 그런 일이 일어났다. 그는 여러 길을 시도해 보았다. 그 여러 가지 길이 똑같은 지점에 도달하는지 아닌지를 알아보기 위함이었다. 구도자의 역사에서 그렇듯 다양하게 시도한 사람은 그가 처음이다. 그는 주변에서 찾을 수 있는 온갖 방법을 시도해 보았다. 벵골 지방에는 어떤 종파가 있는데, 그들은 크리슈나(Krishna)[6] 만이 남성이고 나머지 모든 사람들은 여성이라고 믿는다. 라마크리슈나는 그 길 또한 시도했다. 그것은 절대적인 상상의 길이었다. 하지만 라마크리슈나의 이야기는 상상의 힘이 얼마나 놀라운 것인지를 보여준다.

라마크리슈나는 여섯 달 동안 여자처럼 살았다. 그의 제자들은 그가 여자처럼 걷는 것을 보고는 충격을 받았다. 그 뿐만 아니었다. 그는 가슴이 여자처럼 부풀어 올랐다. 그리고 월경이 시작되었다. 의사들조차 그것을 믿을 수 없었다. 그의 목소리는 여자처럼 바뀌었다. 그가 주기적으로 월경을 하게 되자, 제자들은 그 사실을 숨기

---

5) (1836-1886) 인도 벵갈지방의 가난한 바라문 출신. 칼리 여신을 열렬히 숭배하여 유년 시절부터 종종 혼수 상태를 경험하였다. 떠돌이 수행승 토타푸리(Totapuri)로부터 〈無分別三昧〉의 신비 체험과 샹카라의 〈不二一元論〉을 전수받았다. 그의 제자 비베카난다에 의해 가르침이 널리 퍼졌으며 라마크리슈나 교단이 설립되어 지금도 세계 각국에서 활동중이다. 만년에는 후두암에 걸려 고통받으면서도 신적인 몰입의 경지에서 희열의 상태에 들었다고 한다. 간디, 타골, 로맹롤랑 같은 인물들이 그에게 크게 감화받았다.

6) 힌두교에서 비슈누 신의 화신. 피리부는 소년으로 묘사되는 경우가 많으며, 인도인이 가장 애독하는 〈바가바드 기타〉에서 마부로 등장하여 아르쥬나에게 가르침을 편다.

려 했다. 다른 사람들이 안다면 얼마나 웃겠는가? 제자들은 라마크리슈나에게 방법을 바꾸라고 설득했다.

"스승님은 너무 지나칩니다!"

라마크리슈나가 다시 본래대로 돌아오는 데에는 거의 6개월 이상이 걸렸다.

상상의 힘은 작은 것이 아니다. 상상은 엄청난 위력을 지닌다. 만일 상상의 길을 따른다면 ― 이것이 모든 종교가 따르고 있는 길이다 ― 그대는 크리슈나와 예수를 보게 될 것이다. 그러나 이 모든 것은 그대의 투영일 뿐이다. 그대는 크리슈나를 보기 원한다. 그대는 상상력을 총동원하여 크리슈나를 마음에 새긴다. 그러면 크리슈나가 나타날 것이다.

그러나 그대는 자신의 마음이 만들어 낸 함정에 빠진 것이다.

다른 종교의 헌신자들은 신에 헌신한다. 오직 선의 길을 가는 사람들만이 살아 있는 스승에게 헌신한다. 선에는 상상의 문제가 없다. 진리를 알기 원한다면 상상을 완벽하게 피해야 한다.

자, 이제 사다르 구르다얄 싱을 위한 시간이다. 그는 어디에 있는가? 아난도, 그를 향해 미사일을 쏴라!

(아난도가 사다르가 있는 쪽을 향해 살인 광선을 쏘았다.)

아니다, 내 생각으론 폭탄이 더 낫겠다!

(아난도가 버튼을 누르자, 붓다홀 전체에 폭탄 터지는 소리가 울렸다.)

5.
무엇이 빈 터의 흰 소인가?

임제가 운암(雲岩)의 제자인 행산(杏山)에게 물었다.
"무엇이 빈 터의 흰 소인가?"
행산이 응답했다.
"움―머, 움―머."
임제가 말했다.
"자네 벙어리인가?"
행산이 말했다.
"스님께서는 어떠십니까?"
임제가 말했다.
"이 짐승아!"

임제가 한 비구니에게 물었다.
"잘 왔는가, 잘못 왔는가?"
비구니가 소리쳤다.
"할!"
그러자 임제가 주장자를 집어 들고 외쳤다.
"다시 말해 보아라. 다시 말해!"
비구니가 다시 '할!' 했다.
그러자 임제는 그대로 후려쳤다.

임제가 낙보(樂普)에게 물었다.
"예로부터 한 사람은 몽둥이(棒)를 쓰고, 한 사람은 고함(喝)을 질렀다. 어느 쪽이 진실한가?"
낙보가 말했다.
"둘 다 진실하지 못합니다."
임제가 말했다.
"그러면 진실한 것은 무엇이냐?"
낙보가 바로 '할!' 하고 고함을 질렀다.
그러자 임제가 후려쳤다.

마니샤, 선을 깊이 파고들수록 더욱더 분명하게 드러나는 몇 가지 사실이 있다. 그중의 하나는, 종교의 세계에서 선이 절대적으로 독특한 위치를 차지한다는 것이다.

선과 비교하면 다른 모든 종교는 유치한 오락처럼 보인다. 선은 격식과 사회적인 제약에 얽매이지 않는다. 선은 그대를 묶고 있는 밧줄을 단칼에 끊어 버린다. 선에는 형식이 없다. 만트라(mantra)도 없다. 선은 희생을 강요하지 않는다. 선에는 희생의 근본이 되는 신이 빠져 있다.

신이 없다면 종교적인 형식과 희생이 있을 수 없다. 신이 없다면 그대의 종교는 완전히 무의미하게 보일 것이다. 만일 신이 제거된다면 힌두교와 이슬람, 기독교는 어떻게 되겠는가? 신이라는 가설을 제거하면 그 종교들의 모든 구조가 완전히 붕괴된다. 그들은 신이라는 단 하나의 가설에 의존해 있다. 그러나 가설은 실체가 아니다. 가설은 인간의 투영에 불과하다.

인간은 안전을 원한다. 인간은 이 광막한 우주에서 불안을 느낀다. 그는 너무나 보잘것 없는 존재이며 외롭고 절망적이다. 게다가 항상 죽음의 그림자가 따라다닌다. 죽음이 언제 그대의 문을 두드릴지 모른다.

이런 불안과 두려움에서 신이라는 가설이 생겨난다. 사람들은 신에 집착한다. 신이 없으면 그들의 삶이 너무 고통스럽기 때문이다. 그들은 미쳐 버릴 것이다. 그들에게서 신을 빼앗는다는 것은 그들의 온전한 정신을 박탈하는 것이다. 그것은 그들의 지성과 마음, 수백만 년 동안 쌓여온 모든 조건화(conditioning)를 빼앗는 것이다.

나에 의하면 천국과 지옥 그리고 신이라는 가설을 버리지 않는 한, 모든 투영을 내던지지 않는 한, 그대는 진정한 구도자가 될 수 없다. 그대는 소위 종교라는 것이 세상에 만들어 놓은 모든 것을 버려야 한다. 모든 종교의 근본은 똑같다. 그들은 가설을 중심으로 수많은 신학을 만들어 내고, 자기들의 신학이 옳다고 서로 싸운다. 그러나 본질적인 면에서 그들은 모두 똑같다.

그들의 신은 제각기 얼굴이 다를지도 모른다. 하지만 신이 있다는 점에서는 다를 게 없다. 그들이 말하는 천국과 지옥도 제각기 다를 것이다. 하지만 천국과 지옥이 있다는 점은 같다. 그들은 자기들의 상상이 만들어 놓은 것에 관해 계속 주장을 편다. 그리고 그 주장이 중요한 의미를 지닌다고 생각한다. 그들은 수천 년 동안 그 짓을 계속해 왔다. 그것은 인간의 마음을 엉뚱한 곳으로 끌어 가려는 술책이다. 비본질적인 것을 위해 싸우는 데 정신이 팔려 아무도 본질적인 의문을 떠올리지 않도록……. 아무도 본질적인 것에 대해 물을 시간이 없다!

선은 순수한 본질이다. 비본질적인 것에 오염되지 않은 순수한 정수(精髓)이다. 선에서는 아무 것도 빼앗아갈 수 없다. 왜냐하면 선은 그대의 본성을 선언하는 것 외에 다른 것이 아니기 때문이다. 선에는 더 보탤 것이 없다. 무엇이든 보탠다면 그것은 인위적인 것이 될 것이다.

크리슈나무르티(J. Krishnamurti)는 90년 동안 투쟁했다. 그가 남긴 마지막 말은 의미심장하다. 내 친구 한 명이 그자리에 있었는데, 크리슈나무르티는 슬픔에 잠겨 있었다고 한다. 그는 자신이 살아온 삶에 대해 한탄했다. 그는 이렇게 말했다.

"사람들은 나를 오락 거리로 받아들였다. 그들은 내 말을 듣기 위해 왔지만……."

50년 동안 끊임없이 크리슈나무르티의 말을 들어온 사람들이 있다. 하지만 그들은 처음과 달라진 게 없다.

나는 그들 중의 많은 사람을 알고 있다. 크리슈나무르티가 봄베이에 머무는 시간은 일년에 2, 3주에 불과했다. 그래서 봄베이에 있는 크리슈나의 추종자들은 서서히 나와 친해지게 되었다. 그들 모두가 한 가지 점에 대해 슬퍼하고 있었다.

"우리가 무엇을 해야 합니까? 어떻게 해야 크리슈나무르티를 기쁘게 할 수 있을까요?"

그 이유는 크리슈나무르티가 오직 말하는 데 그쳤을 뿐, 그 말의 내용을 체험할 수 있는 어떤 방편도 주지 않았기 때문이다. 그것은 전적으로 그의 실수였다. 그의 말은 전적으로 옳다. 그러나 그는 자신의 말이 씨앗이 되어 자라날 수 있는 풍토를 조성하지 못했다. 당연히 그는 인류에 대해 매우 절망했다. 그의 가르침을 통해 깨달음을 얻은 사람은 단 한 명도 없다. 그의 가르침에는 모든 씨앗이 들어 있다. 하지만 그는 밭을 갈지 않았다.

크리슈나무르티는 마지막 말에서 사람들이 자신을 오락(entertainment)으로 대했다고 한탄했다. 그러나 선은 오락을 부정하지 않는다. 크리슈나무르티는 '종교는 오락이 아니다!'라고 말했다. 맞는 말이다. 그러나 깨달음의 세계는 광대하기 그지 없으므로 그 안에 오락을 포함시킬 수도 있다.

깨달음은 여러 차원을 담을 수 있다. 그 안에는 웃음, 사랑, 아름다움, 창조성이 포함될 수 있다. 깨달음을 세상과 분리시키거나, 깨달음이 세상을 더 시적인 장소, 더 아름다운 정원으로 변형시키는 것을 막을 방도는 없다.

선은 반드시 따라야 할 거창한 원칙을 주장하지 않는다. 선은 방편을 만들고, 그대 스스로 길을 발견하도록 내버려 둔다. 그런데 선은 엄청난 성공을 거두어 왔다.

"제자들은 내 말에 귀기울이지 않았다. 나는 절망적인 실패를 맛보았다. 인류는 나를 배신했다."

이렇게 한탄한 선사는 단 한 명도 없다. 한 번이라도 그런 말을 내뱉은 선사는 한 명도 없다. 만일 성공을 거두지 못했다면 그 이유는 방편이 옳지 않았기 때문이다. 그것이 단 하나의 이유이다. 스승은 제자의 잠재성을 제대로 살피지 못했다. 아마 스승의 방편은 어떤 사람들에게는 매우 훌륭했을 것이다. 그러나 실패한 사람에게는 적합하지 않았다.

선은 방편을 창조할 뿐이다. 그리고는 그대 스스로 진리를 찾도록 완전히 자유롭게 놔둔다. 그럼에도 불구하고, 다른 어떤 종교보다도 선에서 깨달은 사람이 많이 배출된 것은 이상한 일이다. 다른 종교들은 거대한 조직이다. 반면에 선은 아주 작은 흐름에 불과하다.

스승은 그 작은 흐름을 달을 가리키는 수단으로 이용한다.

임제가 운암(雲岩)의 제자인 행산(杏山)에게 물었다.
"무엇이 빈 터의 흰 소인가?"

이것은 선의 공안 중의 하나이다. 이 공안은 아무 의미도 없다. 다만 해결할 수 없는 수수께끼를 줄 뿐이다.

"무엇이 빈 터의 흰 소인가?"

이것은 어떤 종류의 형이상학적인 질문인가? 세상의 어떤 종교도 이런 질문을 던지지 않을 것이다.

이런 이야기가 생각난다.

무엇이 빈 터의 흰 소인가?

피카소의 이웃에 한 어린아이가 살고 있었다. 그 아이는 종종 피카소를 방문하곤 하다가 아주 친한 사이가 되었다. 대여섯 살밖에 안된 그 아이는 귀염성이 있었다.

아이는 피카소가 그림을 그릴 때 옆에서 지켜보곤 했다. 그러던 어느 날, 아이가 도화지를 가져 와서 피카소에게 보여 주었다.

"아저씨, 이게 제가 그린 그림이에요."

피카소가 아이의 그림을 살펴보고 말했다.

"응? 이게 뭐야?"

아이가 말했다.

"그건 소가 풀을 뜯어먹는 그림이에요."

피카소가 말했다.

"너는 나보다 한술 더 뜨는구나. 도대체 소가 어디에 있지?"

아이가 말했다.

"그런 바보 같은 질문이 어디 있어요? 소는 풀을 뜯어먹고 집에 갔어요."

피카소가 말했다.

"그러면 풀은 어디에 있지?"

아이가 말했다.

"참, 아저씨는 되게 무식하시네? 그야 소가 다 뜯어먹었지요!"

아이가 가져 온 것은 백지였던 것이다.

피카소가 말했다.

"나는 너의 뛰어난 지성을 사랑한다. 네가 소를 그렸다고 말했을 때 나는 정말 어리둥절했다. 내 눈에는 소가 보이지 않았다. 나는 온 세상을 어리둥절하게 만들고 있는데, 너는 나를 어리둥절하게 만들었구나!"

선의 공안은 대답될 수 없는 수수께끼이다.

행산이 응답했다.
"움-머, 움-머."

무답(無答)이 옳은 대답이다. 완벽하게 침묵을 지켜야 한다. 오직 침묵만이 공안의 대답이 될 수 있다. 그러나 행산은 마음을 사용했다. 그는 흰 소가 무엇인지 암시할 수 있는 방법을 찾아내려고 시도했다. 그는 마음을 끌어들였다.

임제가 말했다.
"자네 벙어리인가?"

임제는 말한다.
"그 따위 소리로 나를 속일 수 있다고 생각하는가? 왜 말하지 않는가? 자네는 벙어리인가?"
공안에는 반응(response)이 필요하다. 이 '움-머,움-머'는 반응이 아니다.

행산이 말했다.
"스님께서는 어떠십니까?"

행산은 이렇게 생각했다.
"어떤 대답이 이보다 더 옳을 수 있겠는가?"
사실, 선의 공안에는 무답(無答)이 가장 옳은 대답이다. 이것을 명심하라. 대답을 구하지 마라. 다만 침묵을 구하라. 완벽하게 침묵하라. 스승은 그대의 침묵 안에서 대답을 볼 것이다.

행산이 말했다.
"스님께서는 어떠십니까?"
임제가 말했다.
"이 짐승아!"

임제는 말한다.
"그렇게 움—머, 움—머 소리를 낸다는 것은 그대가 아직도 동물의 마음을 사용하고 있다는 증거이다."
선에서 볼 때, 마음은 동물의 유산이다. 마음을 넘어서지 못하는 한, 그대는 진정한 인간이 아니다. 몸은 인간일지 모르지만 그대의 마음은 사백만 년 동안 동물의 속성을 그대로 담고 있다. 그대의 마음속에는 그대가 통과해 온 모든 동물이 들어 있다. 그대는 갑자기 새로 나타난 존재가 아니다. 그대는 지구상에 생명이 존재했던 만큼이나 오래되었다. 그리고 온갖 동물의 과정을 거쳐 왔다. 그대의 의식에는 엄청난 과거가 담겨 있다. 그러므로 '이 짐승아!' 하고 말할 때, 임제는 행산을 비난하는 것이 아니다. 그는 행산이 아직도 동물의 마음을 쓰고 있다는 사실을 지적하고 있을 뿐이다. 오직 무심의 경지에 들어야만 동물의 단계를 넘어설 수 있다. 무심 안에서 그대는 과거를 초월하고, 우주를 향해 가슴을 활짝 열어젖힌다. 그대는 더 이상 과거의 유산을 반복하지 않는다. 과거의 유산은 동물로부터 물려받은 것이다.

임제의 말은 비난이 아니다. 선에 비난이란 없다. 사람들은 임제의 말을 비난으로 오해할지도 모른다. 그러나 그는 행산이 대답을 알아내기 위해 동물의 마음을 쓰고 있다는 사실을 지적하고 있을 뿐이다. 나는 그대가 인간의 마음, 즉 동물의 마음을 넘어서기를 바란다. 왜냐하면 무심만이 모든 공안과 질문에 대한 유일한 해답이기 때문이다. 단 하나의 대답, 그것은 무심이다. 사념이 완전히 사라질 때까지 침묵하라. 어떤 공안이 주어지든 그것은 중요한 문제가 아니다. 대답은 항상 똑같다. 완전한 침묵, 동물의 마음을 넘어선 침묵만이 그 대답이다.

임제가 한 비구니에게 물었다.
"잘 왔는가, 잘못 왔는가?"
비구니가 소리쳤다.
"할!"
그러자 임제가 주장자를 집어 들고 외쳤다.
"다시 말해 보아라. 다시 말해!"
비구니가 다시 '할!' 했다.
그러자 임제는 그대로 후려쳤다.

합리적인 교육을 받은 사람들에게 이 일화는 순 엉터리처럼 보일 것이다. 이 일화에는 무슨 일이 일어나고 있는가? 비구니가 찾아오자, 임제가 물었다.
"잘 왔는가, 잘못 왔는가?"
비구니가 소리쳤다.
"할!"
그것은 옳은 대답이 아니었다. 임제와 같은 사람이 '잘 왔는가, 잘못 왔는가?' 하고 물을 때는 이렇게 말하고 있는 것이다.
"그대가 마음을 가지고 왔다면 잘못 온 것이고, 무심으로 왔다면 잘 온 것이다."

오직 무심만이 잘 온 것이다. 선에서 볼 때, 단 하나 버릴 것이 있다면 그것은 마음이다. 마음을 버렸을 때, 그대는 우주 전체를 손에 넣는다. 그대는 온 우주에 의해 환영받는다.

그대가 새장에 갇혀 있는 것은 마음 때문이다. 그대는 우주에 의해 받아들여지지 않는다. 그대는 우주의 꽃비를 맞지 못한다. 왜냐하면 사념에 의해 작은 해골 속에 갇혀 있기 때문이다. 그대는 죄수이다. 죄수는 환영받을 수 없다.

임제는 말한다.

"그대는 죄수인가, 아니면 내가 그대를 자유인으로 환영해야 하는가?"

비구니가 소리쳤다.
"할!"

그녀의 할은 임제를 이해했다는 것을 보여주지 못했다. 시간이 지나면서 모든 것은 전통으로 굳어 버린다. 이것이 문제이다. '할'은 임제에 의해 발명되었다. 그러나 시간이 지나면서 그것은 서서히 전통적인 대답이 되었다. 이제 그대는 어려움에 처해서 아무 대답도 할 수 없을 때마다 전통적인 대답을 할 수 있다. 그대는 '할!'을 외칠 수 있다.

그러나 '할'이 언제나 통용되는 것은 아니다. 만일 임제가 아무 의미도 없는 질문을 던졌다면 그때 '할'은 훌륭한 대답이 되었을 것이다. 그러나 그가 대단히 의미 있는 질문을 던졌다면 '할!'로 대답할 수 없다. 그대는 침묵으로 응해야 한다. 그대는 잘 왔다는 것을 보여 주어야 한다.

비구니가 '할!'을 외쳤음에도 불구하고……

임제가 주장자를 집어 들고 외쳤다.
"다시 말해 보아라. 다시 말해!"
비구니가 다시 '할!' 했다.

그녀는 앵무새처럼 배워 왔다. 뭐든지 앵무새처럼 배울 수 있다는 것이 문제이다. 그대는 훌륭한 철학, 신학, 아름다운 말들을 배울 수 있다. 그리고 정확한 의미도 모르면서 앵무새처럼 그것을 반복한다.

선에서도 그런 점이 문제가 되었다. 할이나 방(棒)은 그 의미를 잃고 전통으로 굳어졌다.

비구니가 소리쳤다.
"할!"

그러나 임제는 그녀의 할을 무시했다.

임제가 주장자를 집어 들고 외쳤다.
"다시 말해 보아라. 다시 말해!"

임제는 그녀의 할을 무시하고 다시 기회를 주었다. 그러나 비구니는 배울 능력이 없을 만큼 우둔했던 모양이다.

비구니가 다시 '할!' 했다.

이것은 정말 너무했다. 임제는 주장자를 집어 들었지만 내리치지 않았다. 왜냐하면 그녀는 맞을 자격이 없었기 때문이다. 그녀는 간단한 질문조차 이해하지 못했다. 그녀는 '할'을 형식으로 배웠을 뿐이다. 의식(consciousness)에 관한 한, 그녀는 빈약하기 짝이 없다. 그녀는 임제와 같은 사람에게 맞을 자격이 없다.

선에서 스승이 그대를 때린다는 것은 그대에 대한 사랑과 수용성을 보여 주고 있음을 의미한다. 그대를 때리는 것으로 스승은 그대를 승인한다고 암시하는 것이다. 그것은 일종의 인가이다. 제자들은 몇 년 동안 스승에게 맞게 되기를 염원한다. 이렇듯 선이 창조한 세계는 전혀 판이한 세계이다.

만일 보통 세상에서 누군가를 때린다면 어떤 일이 일어날지 불을 보듯 뻔한 일이다. 그러나 선에서는 전혀 다르다. 스승은 제자가 맞을 자격이 있을 때에만 때린다. 때린다는 것은 비밀스런 인가이다. 그 상황의 밖에 있는 사람은 무슨 일인지 전혀 이해할 수 없을 것이다. 그것은 제 삼자를 위한 것이 아니다. 그것은 그 상황 안에 있는 사람들, 그것을 이해할 수 있는 극소수의 사람들을 위한 것이다.

임제가 외쳤다.

"다시 말해 보아라. 다시 말해!"

그러나 비구니는 우둔하기 짝이 없다. 사실, 이때는 임제가 그녀를 내리쳐야 했을 순간이었다. 그러나 그는 주장자를 든 채 소리만 질렀다.

비구니가 다시 '할!' 했다.

이 대답은 너무 심했다.

임제가 그대로 후려쳤다.

이것은 인가의 방망이가 아니다. 다만 그녀에게 정신이 번쩍 들도록 하기 위한 것이다. 아마 그런 상황에서 주장자로 한 대 얻어맞고 그녀는 잠시 동안 생각이 멈추었을 것이다.

그녀는 자신이 옳은 대답을 했다고 생각하고 있었다. 더구나 '할'은 임제 자신이 발명한 것이 아닌가? 그는 선에 '할'을 도입했다. 임제는 할의 원조이다. 그래서 비구니는 자신의 대답이 옳다고 생각하고 있었음에 틀림없다. 그러나 그녀는 할이 어떤 상황에서는 옳지만 다른 상황에서는 틀릴 수도 있다는 것을 알지 못했다. 임제는 그녀에게 공안을 내놓은 것이 아니었다. 다만 단순한 질문을 던지고 있을 뿐이다.

임제는 묻는다.

"그대는 여기에 잘 왔는가? 그대는 이곳에서 환영받을 자격이 있는가?"

왜냐하면 임제와 같은 사람의 시간을 축내서는 안되기 때문이다. 먼저 그대는 그의 동료가 될 자격이 있어야 한다. 그리고 붓다의 동료가 될 수 있는 유일한 길은 침묵이다. 완전한 침묵이 그 길이다. 그저 존재하라. 만일 비구니가 임제 앞에 엎드려 절하고 조용히 앉았다면 그것은 옳은 대답이 되었을 것이다. 그러나 그녀는 이해하지 못했다.

방편이 항상 성공을 거두는 것은 아니다. 항상 성공하는 방편이란 있을 수 없다. 왜냐하면 각기 다른 사람이 각기 다른 상태에 있기 때문이다. 하나의 방편이 어떤 사람에게는 도움이 되지만 다른 사람에게는 전혀 도움이 안될 수도 있다.

임제가 낙보(樂普)에게 물었다.
"예로부터 한 사람은 몽둥이(棒)를 쓰고, 한 사람은 고함(喝)을 질렀다……."

항상 몽둥이를 사용하는 스승들이 있었다. 그리고 임제는 고함을 도입했다. 깨달음을 얻은 그의 제자들도 몽둥이보다는 고함을 이용했다. 목적은 같다. 고함 또한 몽둥이다. 하지만 매우 교묘한 방식으로 내리치는 것이다. 아마 고함은 몽둥이보다 더 깊이 파고들 것이다. 피부에 닿는 몽둥이는 뼈 속까지 깊이 들어갈 수 있다. 그러나 고함은 존재의 중심까지 파고들 수 있다. 왜냐하면 고함은 보이지 않는 힘이기 때문이다. 몽둥이는 물질적인 것이고 일반적인 것이다. 몽둥이는 몸을 때릴 수 있을지언정 의식(consciousness)을 때릴 수는 없다.

그래서 임제는 낙보에게 묻고 있다.

"예로부터 한 사람은 몽둥이(棒)를 쓰고, 한 사람은 고함(喝)을 질렀다. 어느 쪽이 진실한가?"
낙보가 말했다.
"둘 다 진실하지 못합니다."
임제가 말했다.
"그러면 진실한 것은 무엇이냐?"
낙보가 바로 '할!' 하고 고함을 질렀다.

낙보는 고함을 치면서 '할'이 진실하다고 말한다.

그러자 임제가 후려쳤다.

이것은 승인(承認)의 매이다. 큰 기쁨의 매이다. 임제 자신이 고함을 발명했으며, 이제 고함은 확실히 더 깊어졌기 때문이다. 그러므로 이 매질은 인가를 뜻한다.

"낙보! 그대가 옳다."

선의 방법론은 매우 유동적이다. 선은 자손대대 지켜야 할 계율을 주장하지 않는다.

선은 어떤 상황에서도 모든 사람에게 적용되는 보편적인 원칙을 말하지 않는다. 선은 훨씬 더 개인적이다.

임제는 고함을 이용했다. 하지만 그후에는 오직 깨달음을 얻은 그의 제자들만이 고함을 사용했다. 결국 고함은 사라졌다. 그러나 몽둥이는 아직도 계속 이어지고 있다. 몽둥이는 더 가시적(可視的)이고 물질적이기 때문이다. 우리는 비물질적인 것보다는 물질적인 것을 더 쉽게 이해하는 경향이 있다. 고함은 비물질적이다.

임제는 훌륭한 방편을 개발했다. 하지만 그 방편은 인정의 고함과 부인(否認)의 고함을 식별할 수 있을 만큼 지성적인 사람들을 위한 것이다. 그는 방망이도 사용했다. 낙보는 고함을 질렀다. 그러므로 그에게 고함으로 응답하는 것은 옳지 않을 것이다. 임제는 그를 때렸다. 임제에게는 낙보가 옳다는 것을 더 분명하게 승인할 필요가 있었다.

선은 일반 대중의 종교가 아니다. 결코 그런 일은 일어나지 않을 것이다. 선은 언제까지나 선택받은 극소수의 사람들을 위한 종교로 남을 것이다. 왜냐하면 선은 마약 같은 위안을 주거나, 미래에 대한 약속과 희망을 주지 않기 때문이다. 선은 항상 현재에 남기를 고집한다. 과거로 물러서거나 미래로 내달리지 마라. 현재는 그대가 지금까지 살아왔고, 앞으로도 살게 될 유일한 순간이다. 어느 순간에 살더라도 그 순간은 항상 현재이다.

과거는 무의미하다. 과거의 경전을 공부하는 것은 아무 소용도 없다. 미래 역시 현재의 삶과 무관하다. 천당과 지옥에 대해 신경쓸 필요가 없다. 그런데 천당과 지옥에 대해 상세하게 언급하고 있는 문서들이 있다…….

나는 어떤 사원에 들어간 적이 있는데, 그들은 지도 한 장을 보여 주었다. 그것은 고대의 지도였다. 그 지도에 따르면, 지구가 중간에 있고 지구 밑에는 지옥이, 그리고 지구 위에는 천국이 있었다. 그 지도는 신이 어디에 살고 있는지 정확하게 표시하고 있었다.

나는 지도를 보여 준 사제에게 물었다.

"당신은 팀북투(Timbuktu)[1]가 어디에 있는지 아시오?"

그가 말했다.

"팀북투? 그런 지명은 들어 본 적도 없소."

내가 말했다.

"팀북투를 모른다고? 그러면 콘스탄티노플(Constantinople)[2]은 아시오?"

그가 말했다.

"당신 혹시 아무 지명이나 마구 지어내고 있는 게 아니오?"

내가 말했다.

"이 지명은 내가 지어낸 것이 아니오. 당신은 이 지구조차 잘 알지 못하오. 그러면서도 천국과 지옥에 대해서는 안다고 생각하시오? 무슨 근거로 그것을 안다고 생각하시오?"

그가 말했다.

"나는 모르오. 하지만 이 사원은 아주 오래된 사원이고, 이 지도

---

1) 아프리카 서부, 말리 공화국의 중부, Niger강 부근의 작은 도시.
2) 터키 이스탄불(Istanbul)의 옛 이름.

는 고대의 지도요."

내가 물었다.

"이 집단에서 당신 외에 천국과 지옥에 대해 아는 사람이 있소?"

그가 말했다.

"아마 없을 것이오. 사제인 내가 모른다면 그들도 모를 것이오. 하지만 우리는 이 지도를 믿소……."

이것이 선과 여타 종교의 다른 점이다. '우리는 믿습니다'라고 말하는 순간, 그대는 선(禪)의 자비를 받을 자격이 없다. 믿는 순간, 그대는 자신의 잠재성을 꽃피우고 비를 뿌려줄 수 있는 선의 비구름으로부터 멀어지는 것이다.

결코 '나는 믿는다'고 말하지 마라. 그것은 인간이 발명한 가장 큰 거짓말 중의 하나이다. 안다면 그저 안다고 말하라. 모른다면 모른다고 말하라. 신앙은 존재계 어디에도 있을 곳이 없다. '나는 믿는다'고 말할 때 그대는 무엇을 의미하는가? 그대는 이렇게 말하고 있는 것이다.

"나는 모른다. 하지만 틀림없이 그럴 것이라고 생각한다."

일상 생활에서 '믿는다'고 말해 보라. 그러면 상황을 이해할 것이다. 어떤 여자에게 '나는 내가 당신을 사랑한다고 믿는다'고 말해 보라. 그러면 그녀는 그대의 뺨을 후려칠 것이다. 믿는다고? 그대는 그녀를 사랑하거나 사랑하지 않거나 둘 중의 하나이다.

'나는 내가 당신을 사랑한다고 믿는다'라는 말이 무슨 의미를 지닐 수 있겠는가? 그대는 단 한 명의 여자도 속일 수 없을 것이다. 여자는 매우 현실적이다.

저기, 사다르 구르다얄 싱(Sardar Gurudayal Singh)[3]이 웃고 있다. 그는 여자들을 속이려 하지만 별로 성공률이 높지 않다.

그의 터번(tuban)을 보라. 현란한 무지개 색깔이 아닌가? 그러나 그는 가끔씩 성공할 때도 있다. 어느 산야신도 같이 있기를 꺼리는 바보들이 있다. 산야신들은 그 바보들에게 사다르 구르다얄 싱의 주소를 준다. 그러면 사다르는 그 바보들을 아주 잘 다룬다.

며칠 전, 어느 바보 멍청이 같은 여자가 내게 편지를 보내 왔다. 자기가 깨달았다는 것이었다. 내가 말했다.

"그것 참 잘된 일이다! 그대는 사다르 구르다얄 싱을 찾아가도록 하라. 그는 그대를 인가하기에 적합한 사람이다. 그대가 그를 깨닫게 하거나, 아니면 그가 그대를 깨닫지 못한 사람으로 만들거나 둘 중의 하나일 것이다. 어쨌든 무슨 일인가 일어날 것이다. 그러니 그를 찾아가도록 하라!"

그후 나는 사다르가 그녀를 깨닫지 못한 사람으로 만들었다는 소식을 들었다.

지금 그녀는 비탄에 잠겨 있다. 왜냐하면 내가 그녀를 아무 것도 심각하게 받아들이지 않은 사람에게 보냈기 때문이다. 사다르는 그녀의 깨달음을 비웃었다. 그 웃음은 그녀의 마음속에 의심을 불러 일으켰다.

"혹시 내가 깨닫지 못한 것은 아닐까? 사다르가 웃는다면……."

우리의 주변에는 항상 바보들이 있다. 그들은 어떤 때는 깨달았다가 어떤 때는 깨닫지 못했다가 하면서 오르락내리락한다. 어느 날 그들은 깨달았다. 그리고 어느 날은 깨닫지 못했다. 사다르의 주변에는 항상 그런 바보들이 있을 것이다. 그러니 그대가 깨달음을 얻었다고 생각한다면 나에게 알리지 마라. 깨달을 때마다 사다르를

---

3) 오쇼의 인도인 제자. 터번을 두르고 수염을 길게 기른 모습에 항상 웃는 산야신으로 유명하다.

찾아가라!

이큐(一休宗純)는 이렇게 읊었다.

경전 공부와 엄격한 수행의 사이에서
나의 마음은 거의 미칠 지경이다.
하지만 삶에서 가장 가치 있는 것은
어부의 노랫소리이다.
석양과 비, 구름과 달이 흐르고,
밤마다 언어를 초월한 노래가 들린다.

이큐는 가장 사랑받는 하이꾸(haiku) 시인 중의 한 사람이다. 그대도 그가 그토록 사랑받는 이유를 알 수 있다. 그는 몽상가가 아니다. 그는 매우 현실적인 사람이다.

경전 공부와 엄격한 수행의 사이에서
나의 마음은 거의 미칠 지경이다.
하지만 삶에서 가장 가치 있는 것은
어부의 노랫소리이다.

강가에서 어부의 노랫소리를 들을 때……. 이큐는 강물을 따라 흐르는 어부의 노랫소리가 세상에서 가장 값진 것이라고 말한다. 성스러운 경전보다 더 소중하다. 왜냐하면 어부의 노래는 너무나 진실하고 자발적[4]이기 때문이다.

석양과 비, 구름과 달이 흐르고,

밤마다 언어를 초월한 노래가 들린다.

하이꾸는 상황을 시각화(視覺化)한다. 큰 강이 흐르고, 고요한 밤, 밤마다 들리는 어부의 노래 소리, 그리고 노래 하나가 끝날 때마다 깊어지는 침묵…… 이런 장면을 눈앞에 그려 보라.

하이꾸는 일반적인 의미에서의 시가 아니다. 하이꾸는 회화적이다. 하이꾸에는 색깔이 있고, 형상이 있다. 거의 만져질 것 같은 풍경이 있다. 하이꾸를 통해 그대는 어부의 노랫소리를 들을 수 있다. 강물이 흐르는 소리를 들을 수 있다. 달, 구름, 비, 일출, 석양…… 이 모든 것이 시(詩)라기보다는 그림에 가깝다.

이것이 일반적인 시와 하이꾸의 차이점이다. 일반적인 시는 단어의 조합이다. 그러나 하이꾸는 매우 이상한 현상이다. 하이꾸는 색깔이 아니라 언어로 그려진 그림이다. 그 그림은 생생하게 살아 있다.

---

4) 의지가 개입되지 않은 상태에서 자연스럽게 흘러 나오는 상태. 인위적인 노력이나 조건없이 순간 속에 몰입하여 자연스럽게 존재하는 상태. 이 책에서 〈자발적〉이라는 말은 모두 그런 의미로 쓰였다. 〈즉흥적〉이라는 말과 상통한다.

마니샤의 질문

우리의 명상과 성장에 무슨 일이 일어나고 있는지 이해하고, 그것을 분명하게 하려는 노력이 필요합니까? 아니면 그저 주시해야 할까요?

마니샤, 그대에게 필요한 것은 오직 주시하는 것이다. 그대가 '무슨 일이지?' 하고 생각하는 순간, 마음이 다시 밀려올 것이다. 분석을 시작하면 다시 마음이 개입될 것이다.

주시를 제외하곤 무엇을 하든간에 마음이 다시 밀려올 것이다. 그것이 우리가 피해야 할 단 하나의 적이다. 그리고 주시는 마음이 침입할 수 없는 유일한 안식처이다.

그대의 질문은 매우 중요하다. 사람들은 '무슨 일이지?' 하고 생각하며 그것을 분석하려는 경향이 있다. 그러나 그들은 분석하고 설명하려고 노력할 때 마음이 뒷문으로 들어온다는 것을 깨닫지 못한다. 주시에 의해 우리는 마음으로부터 자유로워지려고 노력하고 있다. 그 외에 다른 행동은 모두 마음에 속하는 것이다.

그러므로 그대에게 필요한 것은 오직 주시하는 것이다. 가능한 한 깊이 주시하라. 마음이 몇 십 리 밖으로 달아나고 순수한 주시자만 남을 때까지 더욱더 깊이 들어가라.
 주시, 그것이 그대의 순금이다. 그것이 그대의 붓다이다.

6.
마음을 버려라

임제가 봉림(鳳林)을 방문했다.

봉림이 말했다.

"바다 위를 비추는 달은 하도 밝아서 그림자가 없는데, 노니는 물고기가 제 스스로 속는구나."

임제가 말했다.

"바다에 비친 달이 그림자가 없다면 어찌 물고기가 속는단 말인가?"

봉림이 말했다.

"바람부는 것을 보고 물결 이는 것을 아니, 물을 가늠하여 작은 배에 돛을 올린다."

임제가 말했다.

"홀로 비추는 둥근 달 아래 강산은 고요한데, 나 홀로 크게 웃는 소리가 천지를 놀라게 하는구나."

봉림이 말했다.

"세 치 혀를 가지고 천지를 꾸미는 것은 임의대로 하되, 지금 현재에 맞는 한 구절 일러 보시오."

임제가 말했다.

"길에서 검객을 만나면 칼을 바치되, 시인이 아닌 사람에게는 시를 보이지 마시오."

마니샤, 선의 길은 특정한 조건을 요구한다. 다른 종교에서는 그런 조건을 요구하지 않는다.

그 조건들이란 수용적인 자세, 깨어 있는 의식, 주의 깊게 듣는 태도, 언어가 아닌 것을 이해하는 것, 침묵에 잠기는 것이다. 다른 어떤 종교도 이런 조건을 요구하지 않는다. 여타 종교는 그대에게 착하고 도덕적인 사람이 되며, 간음하지 말 것을 요구한다. 그들의 요구 조건은 매우 피상적이다.

그러나 선은 존재의 진정한 특성을 요구한다. 스승이 궁극적 진리에 대한 이해를 나누어 주기 위해서는 그런 조건이 충족되어야 하기 때문이다. 선은 이론이 아니라 존재 대 존재의 교류이다. 제자는 스승과 똑같은 경지에 올라야 한다. 그렇지 않으면 스승의 말을 이해할 수 없을 것이다. 선에서 요구하는 이 특성들은 제자를 스승의 경지와 아주 가까운 곳으로 데려갈 것이다.

스승은 그대가 어떤 수준에 있는지 분명하게 알고 그 수준에 맞추어 이야기한다. 그는 단 한 순간도 낭비하지 않는다. 그는 말 한 마디도 헛되이 낭비하는 법이 없다.

이 짧은 일화는 임제가 무엇에 대해 말하고 있는지 설명해 줄 것이다.

> 임제가 봉림(鳳林)을 방문했다.
> 봉림이 말했다.
> "바다 위를 비추는 달은 하도 밝아서 그림자가 없는데, 노니는 물고기가 제 스스로 속는구나."
> 임제가 말했다.
> "바다에 비친 달이 그림자가 없다면 어찌 물고기가 속는단 말인가?"

속는다는 것은 그림자를 실체로 받아들인다는 뜻이다. 아마 그대는 관찰한 적이 없을지도 모르지만, 그림자 자체는 그림자를 드리우지 않는다. 그래서 고대에는 '그림자 없는 사람을 보면 그가 유령이라는 사실을 잊지 마라'는 이야기가 전해온다. 왜냐하면 진짜 인간은 그림자가 있을 것이기 때문이다. 인간처럼 보이지만 투명한 사람만이 그림자를 만들지 않을 것이다. 손을 내밀어도 그대의 손은 그를 통과해 지나갈 것이고 아무 것도 만질 수 없을 것이다.

호수에 비친 달 자체가 그림자이다. 어떻게 그림자가 그림자를 드리울 수 있겠는가? 그것은 불가능하다. 그러나 봉림(鳳林)이 말하고자 하는 것은 불필요하거나 비본질적인 것이 아니다.

봉림이 말했다.
"바다 위를 비추는 달은 하도 밝아서 그림자가 없는데, 노니는 물고기가 제 스스로 속는구나."

그들은 무엇을 갖고 스스로를 속이는가? 그들의 환상은 무엇인가? 그것은 호수에 비춘 달을 진짜 달로 착각하는 것이다.

임제가 말했다.
"바다에 비친 달이 그림자가 없다면 어찌 물고기가 속는단 말인가?"

물고기가 속는 것은 당연하다. 인간조차 그림자에 속으니 말이다. 임제의 물음은 명확하다. 그 물음은 각성된 의식의 경지에서 나온 것이다. 세상의 모든 사람이 그림자에 의해 속는다. 그대의 상상, 그대의 꿈은 무엇인가? 그것은 모두 그림자이다.

마음을 버려라

이런 사실에 대해 생각해 본 적이 있는가? 꿈꾸는 동안에는 그 꿈을 비현실로 생각하지 않는다. 깨어난 다음에는 그것이 비현실이고 꿈에 불과하다는 것을 알게 될 것이다. 그러나 꿈속에서는 결코 그것을 꿈으로 생각하지 않는다. 그 이유는, 만일 꿈을 꿈으로 경험할 만큼 깨어 있다면 꿈이 중단될 것이기 때문이다. 꿈은 오직 무의식적이고 깨어 있지 못한 상태에서 계속된다.

이 일화의 진짜 물음은 물고기에 대한 것이 아니다. 물고기는 상징에 불과하다. 진짜 물음은 인간에 대한 것이다.

"바다에 비친 달이 그림자가 없다면 어찌 물고기가 속는단 말인가?"

물고기가 속을 수 있는 유일한 길이 있다면, 그것은 달그림자를 진짜 달로 받아들이는 것이다.

봉림은 핵심을 놓쳤다. 그는 물고기가 속게 되는 이유를 설명하기 시작했다. 그것은 임제가 원한 바가 아니었다. 임제에게 있어서 물고기는 핵심이 아니다. 달 그림자 또한 핵심이 아니다. 임제의 관심은 인간들 역시 그림자에 의해 속고 있다는 사실에 있다. 임제는 인간이 꿈속에서 뿐만 아니라 깨어 있는 동안에도 그림자에 속고 있다는 사실에 관심이 있다. 그대는 날마다 속고 있다. 다만 그것을 깨닫지 못할 뿐이다. 그래서 그대는 상처를 받지 않는다.

그대는 어떤 여자를 매우 아름답게 본다. 그 여자는 실제로도 확실히 아름답다. 그러나 달콤한 신혼이 지난 후 그 아름다움은 어디로 가는가? 한때 그대는 그 여자를 위해 죽을 각오가 되어 있었다. 그런데 이제는 그녀를 죽이고 싶어한다.

그대는 다른 여자의 아름다움을 인정한다. 그러나 나는 자기 부인의 아름다움을 인정하는 남편에 대해서는 한번도 들어 본 적이 없다. 아마 그가 보았던 것은 있는 그대로의 그녀가 아니었을 것이다. 그는 자기가 보기 원하는 대로 그녀를 보았던 것이다.

그것은 꿈의 투영이었다. 그리고 꿈의 투영은 오래 지속될 수 없다. 곧 꿈이 사라지고 불현듯 진짜 사람을 보게 될 것이다. 사실, 아무 것도 달라지지 않았다. 여자도 그대로이고 남자도 그대로이다. 그러나 여자는 남편을 예전에 자기가 사랑했던 남자와 동일인물로 보지 않는다. 남자도 마찬가지이다.

무슨 일이 일어난 것일까? 단 일주일만에…… 만일 그대가 지성적인 사람이라면 일주일을 넘기지 않을 것이다. 그것은 지성의 문제이다. 바보들은 평생 동안 꿈에서 헤어나지 못한다. 더 지성적인 사람일수록 자신의 투영을 알게 되는 시점도 빠를 것이다. 상상이 떨어져 나가고 구름이 사라진다. 그는 구름 한점없이 맑은 하늘을 보게 될 것이다. 그리고 견해가 바뀔 것이다.

임제는 우리 모두가 그림자 안에 산다고 말한다. 그대는 생각하고, 투영하고, 상상하고, 꿈꾼다. 세상에서 가장 위대한 연인들은 결코 이루어지지 못했다. 그래서 그들의 사랑은 영원히 남아 있다. 사람들은 시리(Siri)와 파르하드(Farhad), 라일라(Laila)와 마즈누(Majnu), 쏘니(Soni)와 마히발(Mahival)을 노래한다. 그들의 사랑이 기억되는 유일한 이유는 부모와 사회가 그들의 사랑을 허락하지 않았기 때문이다.

만일 라일라와 마즈누가 결혼을 했다면 그들의 이름조차 남아 있지 않을 것이다. 시나 소설에서 결혼한 부부에 대해 관심을 갖는 것을 본 적이 있는가? 내가 살펴 본 바로는 그런 경우를 발견하지 못했다. 그것은 근본적으로 불가능한 것 같다. 왜냐하면 남녀가 가까이 있게 되면 그들의 투영이 사라지기 시작하기 때문이다. 그러나 그들이 멀리 떨어져 있고 헤어질 것을 강요당한다면, 그때 그들의 꿈은 더욱 더 아름다워진다. 그들의 상상에는 날개가 돋는다.

이런 문제 뿐만 아니라 다른 문제에 있어서도 그대는 그림자 속에 산다. 그대는 자신의 희망 안에 살아간다. 그대의 희망에는 무엇이 들어 있는가? 다만 공허한 상상이 있을 뿐이다. 내일은 지금까지 일어나지 않았던 일이 일어나서 크게 만족할 것이라는 공허한 상상이 전부이다. 그런 일은 결코 일어나지 않는다. 내일 일어나는 일이 있다면 그것은 죽음이다. 그리고 죽음은 공포를 불러일으킨다.

죽음의 공포는 미래를 빼앗기는 데 대한 두려움이다. 그대는 상상 속의 미래에 살고 있다. 그런데 죽음이 오면 모든 것이 정지된다. 내일이 사라진다. 그대는 만사가 이러저러한 식으로 전개되어야 한다는 관념을 갖고 있다. 그것이 미래이다. 그러나 존재계는 그대의 욕망과 희망을 들어줄 의무가 없다.

사람들은 심지어 미래를 약속하기도 한다. 그들은 서로 이렇게 말한다.

"나는 평생토록 당신을 사랑할 것이오."

그러나 평생이 얼마나 길지는 아무도 모른다.

한 남자가 부인에게 말하고 있었다.

"나는 평생토록 당신을 사랑할 거야."

그러더니 그는 갑자기 입을 다물고 침묵을 지켰다.

여자가 물었다.

"왜 갑자기 아무 말도 안해요?"

남자가 말했다.

"알고 싶은 게 있는데······당신도 나이를 먹으면 장모처럼 될

까? 그렇다면 나는 평생의 사랑을 약속할 수 없어. 갑자기 이런 생각이 들지 뭐야.

'내가 지금 무슨 말을 하는 거지? 이 여자도 나이를 먹으면 장모처럼 될 텐데!'"

사람들은 뭔가 기대한다. 그리고 그 기대는 결코 충족되지 않는다. 세상 곳곳에 항상 절망이 존재한다. 사람들은 절망 속에 살아간다. 그 이유는 그들이 기대했기 때문이다.

존재계는 그들의 기대를 따라야 할 이유가 없다. 그럴 의사도 없다. 행복하기를 원한다면 존재계를 따라가라. 그대를 어디로 데려가든 상관 말고 그대로 따라가라.

그것이 내가 말하는 '방임(let-go)'의 의미이다. 그대의 투영과 상상을 버려라. 그리고 존재계의 뜻에 맡겨라. 그때는 절망이 있을 수 없다. 좌절의 가능성 자체가 사라졌기 때문이다. 그때는 고통도 번뇌도 없다. 그대는 존재계와 더불어 편안하다. 무슨 일이 일어나든 다 좋은 일이다.

존재계는 그대보다 더 현명하다. 무슨 일이 일어나든지 그것은 존재계의 본성에 따른 것임을 명심하라. 붓다는 이것을 '여여(如如)'라고 불렀다. 존재계에 맞서지 마라. 그 안에 참여하라. 그러면 어떤 '하나됨(oneness)'을 느낄 것이다.

이 '하나됨'을 '여여(如如)'라고 부를 수 있다. 또는 '있음(isness)', '이것(thisness)'이라고 부를 수도 있다. 그 의미는 무슨 일이 일어나든지 다 좋다는 뜻이다. 그대는 어떤 상황에서도 아름다움과 즐거움을 발견해야 한다. 오직 그런 사람만이 행복할 수 있다. 그렇지 않으면 항상 속고 있다는 느낌이 떠나지 않을 것이다.

삶에 의해 기만당했다는 생각 없이 죽는 사람은 천 명 중에 한 명

있을 정도이다. 거의 모든 사람이 이런 생각을 품고 죽는다.
"이게 뭐야? 무슨 게임이 이래? 칠십 년 동안 열심히 싸워 왔는데……"
그대의 모든 희망이 산산조각나고, 모든 꿈이 깨졌다. 그대는 파산해서 죽는다.
기대에 관한 한, 거의 모든 사람이 파산해서 죽는다. 오직 방임(let-go)하는 사람만이 속지 않는다. 그는 모든 것을 행복과 즐거움으로 받아들인다. 어떤 변화가 일어나도 그대로 받아들인다. 그는 변화를 막기 위해 장애물을 만들지 않는다. 그런 사람은 기만이 없음을 안다. 그는 삶이 자신을 속이지 않았다는 것을 안다. 그는 미처 자신이 깨닫지도 못했던 염원을 삶이 항상 충족시켜 주었음을 안다.

봉림이 말했다.
"바람부는 것을 보고 물결 이는 것을 아니, 물을 가늠하여 작은 배에 돛을 올린다."

봉림은 임제가 물고기에 대해 말하고 있지 않다는 것을 모른다. 그는 임제가 떠올린 질문을 귀담아 듣지 않고 자신의 말을 설명하려고만 든다.

임제가 말했다.
"홀로 비추는 둥근 달 아래 강산은 고요한데, 나 홀로 크게 웃는 소리가 천지를 놀라게 하는구나."

모든 것은 마땅히 존재해야 할 방식대로 존재한다. 밝은 보름달 아래 언덕은 지극한 평화에 잠겨 있다. 강물은 평화롭게 춤추고 …… 강물의 춤으로 인해 달그림자는 은빛 비늘이 되어 퍼져 나간다. 모든 것이 고요하고 평화롭다. 강이나 언덕에 절망은 없다.

인간과 인간의 마음을 제외하고 자연을 관찰한다면 모든 것이 지복의 상태에 있다.

모든 것이 붓다이다. 오직 인간의 마음이 문제를 일으킨다. 왜냐하면 마음은 방임(let-go)을 허용하지 않기 때문이다.

"나 홀로 크게 웃는 소리가 천지를 놀라게 하는구나."

달은 지복으로 충만하다. 달빛 아래 비치는 모든 것이 행복하다. 인간을 제외하고…….

인간 또한 강과 언덕만큼 행복하고 평화로울 수 있다. 달과 그 아래 비치는 모든 것에 마음이 없다는 것을 관찰한다면 인간 또한 행복할 수 있다. 사념이 없다면 인간 또한 그 풍경의 한 부분이 될 것이다.

그러나 인간은 항상 자신의 어리석은 관념에 매달린다. 모든 존재계가 즐거움에 춤추고 있는데 인간만이 근심에 싸여 있다. 나무가 근심하는 것을 보았는가? 어떤 동물도 근심하지 않는다. 그들은 죽을 때에도 평화롭게 죽는다. 태어난 것은 죽기 마련이다. 그것이 존재계가 움직이는 방식이다.

그러나 인간의 마음은 사사건건 끼어 들어 문제를 일으킨다. 마음은 사물이 다른 상태로 존재하기를 기대하기 때문이다. 인간은 존재계의 '여여함(suchness)'을 인정하지 않는다. 인간은 모든 것이 자신의 의사대로 되기를 바란다. 존재계를 자신의 의사대로 바꾸려는 것, 이것이 모든 불행의 근본이다. 그대의 마음은 어떻게 하면 자신의 관념대로 사물을 조정할 수 있을까 하는 생각으로 가득 차 있다. 그러나 그것은 불가능하다.
그대는 존재계를 바꿀 수 없다.
그대가 할 수 있는 일은 마음을 버리는 것이다. 그것이 전부이다.

봉림이 말했다.
"세 치 혀를 가지고 천지를 꾸미는 것은 임의대로 하되, 지금 현재에 맞는 한 구절 일러 보시오."
임제가 말했다…….

임제의 말은 매우 중요한 의미를 담고 있다.

"길에서 검객을 만나면 칼을 바치되, 시인이 아닌 사람에게는 시를 보이지 마시오."

그의 가치와 수용성에 따라 알맞은 것을 주어라. 그대는 아직 말 한마디 받아들일 능력이 없다. 나는 그대에게 시를 읊어줄 수 없다. 그대는 그것을 이해하지 못할 것이기 때문이다. 분명히 그대는 오해할 것이다.
이런 이야기를 들었다.

도둑이 법정에 섰다.
판사가 물었다.
"당신은 왜 그 사람 집에 들어갔소?"
도둑이 말했다.
"물건을 훔치기 위해서였습니다. 하지만 그는 정말 이상한 사람입니다. 그는 제가 도망치려 하자 저를 꼭 붙들고는 이렇게 말했습니다. '걱정하지 마시오. 그냥 저기 앉아서 내가 쓴 시를 들어 보시오.'

그래서 저는 조용히 앉아서 듣는 것이 더 낫겠다고 생각했습니다. 그런데 시는 끝날 줄 모르고 계속 이어졌습니다. 그는 제 팔을 꽉 잡고 있었기 때문에 도망칠 수도 없었습니다. 그것은 정말이지 끔찍한 고문이었습니다. 저는 밤새도록 고문을 당했습니다. 저는 그가 무슨 말을 하는지 한마디도 이해할 수 없었으며, 그렇다고 도망칠 수도 없었습니다.

아침이 되자 경찰이 들이닥쳤고, 이제 단 한 가지 소원을 갖고 판사님 앞에 서게 된 것입니다. 제가 바라는 단 한 가지 소원은 제발 이 시인의 시를 다시 듣는 처벌만은 내리지 말아달라는 것입니다. 저는 이미 교수대로 갈 준비가 되어 있습니다.

저는 그 집에 시인이 살고 있다는 것을 몰랐습니다. 만일 알았다면 절대로 들어가지 않았을 것입니다!"

시인은 청중을 발견하기가 매우 힘들다. 그들은 누군가 자신의 시를 들어줄 사람이 있을까 하고 사방을 두리번거린다. 그러나 모든 사람이 줄행랑을 친다.

"지금은 급한 일이 있어서 좀 곤란한데…… 다음에 듣기로 합시다."

누가 시간을 낭비하고 싶겠는가?

임제는 말한다.

"그대가 시인이 아닌 한, 들을 자격이 없는 사람에게는 아무 것도 말하지 마라. 그것은 상대방을 모욕하고 깎아내리는 것이다. 그것은 그의 존엄성을 해치고, 그를 무가치한 인간으로 만드는 것이다.

그러니 내게 한마디 말도 요구하지 마라. 그대는 아직 그 말을 들을 자격이 없다. 그대는 단 한 가지도 이해하지 못하면서 계속 설명하려 든다. 그대는 물고기가 아니다. 따라서 물고기의 마음속에 무엇이 들어 있는지 모른다.

인간에 대해 말하라. 인간이 속게 되는 이유를 찾아라. 인간이 속는 이유는 존재계에 대항하기 때문이다. 삶을 특정한 틀 속에 가두려 하기 때문이다. 그것은 불가능한 일이다. 인간은 불가능한 일을 시도하기 때문에 계속 실패하는 것이다."

인간이 실패하는 것은 실수 때문이 아니다. 방법이 틀렸기 때문에 실패한 것이 아니다. 존재계에 맞서는 한, 그는 무엇을 하든지 실패할 것이다. 아무도 존재계보다 지혜로울 수 없다. 그러므로 현명한 자는 아무 것도 묻지 않고 존재의 강에 자신을 맡길 것이다. 그는 '우리가 어디로 가는 중이지?' 하고 묻지 않는다.

존재계는 아무 데로도 가지 않는다. 그저 여기에 존재할 뿐이다. 여기에서 수많은 형상, 수많은 상황과 어울려 놀고, 여기에서 더 많은 의식, 더 많은 사랑, 더 많은 행복을 창조한다. 그러므로 그대에게 더 많은 의식, 사랑, 행복이 일어나지 않는다면, 그것은 그대가 문을 닫고 있음을 의미한다.

가슴을 열고 존재계와 조화를 이루어라. 긴장을 풀어라. 그러면 돌연 둥근 달이 홀로 빛나고 있음을 알게 될 것이다. 동료도 필요 없고 부(富)도 필요 없다. 정치적인 지위도 필요 없다. 강산이 모두 평화롭다. 그들은 아무 것도 가진 게 없다. 하지만 그대가 돈으로 살 수 없는 평화를 가졌다.

"나 홀로 크게 웃는 소리가 천지를 놀라게 하는구나."

존재계와 함께 가라. 어디로 가든 상관하지 마라. 그러면 근심이 없을 것이다. 긴장이 사라질 것이다. 그대는 어린아이처럼 행복해 질 것이다. 그리고 꽃처럼 아름다워질 것이다.

이뀨(一休宗純)는 이렇게 읊었다.

벚나무를 베어버릴 때에는,
보라! 한송이 꽃도 없으니.
꽃은 봄바람에 실려 오는 것.
구름을 넘어 무한정 날아오를지언정,
부처의 말에만 의존하지 마라.

이뀨는 두 가지를 말한다. 그중의 하나는, 그대가 강제로 꽃을 피게 할 수 없다는 것이다. 꽃은 때가 되면 저절로 필 것이다. 그대는 인내심을 갖고 기다려야 한다. '왜 벚꽃이 피지 않지?' 하고 말해서는 안된다. 나무가 거기에 서 있고, 그대는 물을 준다……. 그대는 벚나무를 베어 꽃이 어디에 숨어 있는지 들여다볼 수도 있다. 하지만 거기엔 결코 꽃이 없을 것이다.

봄바람이 불면 꽃은 저절로 피어난다. 봄이 오게 하라. 적당한 순간, 적당한 기후와 바람이 벚나무를 찾아오게 내버려두라. 그러면 돌연 꽃이 피어날 것이다. 말할 수 없이 아름다운 벚꽃이 만개할 것이다.

벚나무는 묵묵히 기다린다. 벚나무를 서둘지 않는다. 봄을 잡아오기 위해 다른 곳으로 달려가지 않는다. 그저 조용히 즐거움에 잠겨 기다릴 뿐이다. 드디어 봄이 온다. 하루 이틀 늦는다 해도 그게 대수인가? 봄은 항상 다가오고 있다.

이뀨가 말하는 또 한 가지는…….
구름을 넘어 무한정 날아오를지언정,
부처의 말에만 의존하지 마라.

자기들의 시조에 대해 이렇게 말할 수 있는 사람은 선사들밖에 없다.
"고탐 붓다의 가르침에만 의존하지 마라."
왜냐하면 그의 가르침은 지금과 다른 상황에서 행해진 것이기 때문이다. 그는 다른 종류의 사람들에게 말하고 있었다. 그대는 고탐 붓다의 말을 들었던 사람들과 다를 것이다. 그리고 시대가 바뀌었다. 이제는 붓다의 가르침이 합당하지 않을 수도 있다.
오로지 그대 자신의 의식(consciousness)에 의존하라. 고탐 붓다의 의식은 믿을 만한 것이 못된다. 이뀨는 고탐 붓다가 틀렸다고 말하는 게 아니다. 그는 고탐 붓다가 다룬 상황은 아득한 옛날이었다고 말하는 것이다.
예를 들어…….

어느 날 아침, 한 사람이 고탐 붓다에게 물었다.
"신이 있습니까?"
고탐 붓다가 말했다.
"아니, 신은 존재하지 않는다."
오후에 다른 사람이 물었다.
"신이 있습니까?"
"물론, 신은 존재한다."
그런데 항상 붓다와 같이 다니는 아난다(Ananda)는 문제에 빠졌다. 그는 머리가 아팠다. 이분은 도대체 어떤 사람인가? 아침에는 '신은 없다'고 말하더니 오후가 되어서는 '신은 있다'고 말하지 않는가?

아난다는 밤이 되어 주변에 아무도 없게 되기를 기다렸다. 그런데 밤이 되기 전 저녁 무렵 세 번째 사나이가 찾아왔다. 그는 붓다 앞에 엎드려 절하고는 물었다.

"저는 신에 대해 찬성도 반대도 없습니다. 아무쪼록 제가 이해할 수 있도록 도와주십시오."

그러나 고탐 붓다는 아무 말도 하지 않았다. 그는 눈을 감고 침묵을 지켰다. 이 광경을 보고 그 세 번째 사나이도 눈을 감고 앉았다. 사나이는 붓다가 침묵 속에서 무엇인가 말할 것이라고 생각했다. 그래서 그들은 두 시간 동안 침묵에 잠겨 있었다.

두 시간 후 눈을 떴을 때 사나이는 너무나 아름답고 신선해 보였다. 그는 완전히 다른 사람이 되어 있었다. 그는 붓다의 발을 만지며 존경과 감사를 표했다.

"이토록 많은 것을 기대하지는 않았습니다. 당신은 제가 요구했던 것보다 훨씬 더 많은 것을 주셨습니다. 저는 다만 질문을 하기 위해 왔을 뿐입니다. 그런데 당신은 제게 경험 자체를 주셨습니다. 평생을 갚는다 해도 이 은혜를 어찌 다 갚을 수 있겠습니까?"

그날 밤 아난다가 물었다.

"제 생각도 좀 해주십시오! 저는 하루 종일 문제에 시달렸습니다. 당신은 어떤 사람입니까? 당신은 아침에 '노'라 말하고 오후에는 '예스'라고 말했습니다. 그리고 저녁 때에는 아무 말도 하지 않고 침묵을 지켰습니다. 그런데 그 사나이는 대답을 얻었습니다. 어찌된 일입니까?"

붓다가 말했다.

"내가 '신은 없다'고 대답한 첫 번째 사람은 무신론자였다. 그는 자신의 무신론을 확인받기 위해 온 것이다. 그는 이렇게 생각했다.
'고탐 붓다 역시 무신론자라면 나는 아무 문제도 없다. 확실히 무신론은 옳은 접근 방법이다. 신은 존재하지 않는다.'
두 번째 사람 또한 자신의 선입견을 확인받기 위해 온 사람이었다. 그는 유신론자였으며 누군가 자신의 입장을 지지해 주기를 원했다. 그 두 사람은 구도자가 아니었다. 다만 위로받기 위해 온 사람들이었다. 그들은 이미 확고한 관념을 갖고 있었으며 내게 그 관념을 지지해 줄 것을 요구했다. 그들은 자신의 관념에 만족해서 돌아갔다. 그러나 새로운 차원으로는 한 발자국도 나아가지 못했다.
그러나 세 번째 사나이는 진정한 구도자였다. 그는 '저는 찬성도 반대도 없습니다' 하고 솔직하게 털어놓았다. 그런 사람에게는 오직 침묵만이 대답이다. 그는 편견이 없었다. 그래서 내가 눈을 감고 침묵에 잠기자 즉시 힌트를 얻었다. 그는 나와 함께 눈을 감고 침묵에 들었다. 나는 그에게 아무 말도 하지 않았다. 그러나 그는 처음 왔을 때보다 엄청나게 풍부해진 가슴을 갖고 돌아갔다."
붓다가 계속 말을 이었다.
"아난다야. 너는 혼란을 느낄 필요가 없다. 그 질문들은 너의 것이 아니기 때문이다. 그것은 너의 문제가 아니다."
아난다가 말했다.
"물론, 그것은 제 문제가 아닙니다. 하지만 저는 항상 스승님 곁에 있고, 귀로 들리는 소리를 어쩌란 말입니까?"
붓다가 말했다.
"내게는 즉각 정해진 대답을 내놓을 수 있는 고정된 철학이 없다. 너는 이것을 배워야 할 것이다. 나는 눈앞에 있는 사람과 그의 능력을 본다. 나는 아무도 모욕하고 싶지 않다. 나는 그들이 이해할 수 없는 것을 주고 싶지 않다."

고탐 붓다 자신의 시대에도 상황이 이러했다면 이뀨의 말은 옳다.

부처의 말에만 의존하지 마라.

그대 자신의 근원을 찾으라. 그대의 내면으로 더 깊이 들어가라. 그러면 그곳에서 고탐 붓다의 인가(認可)를 발견할 것이다.

가르침에 의존하지 마라. 몇 년 동안 경전을 연구하면서 앉아 있는 데 그치지 마라. 그것은 도움이 되지 않을 것이다. 고탐 붓다가 깨닫기 전에 그 경전들을 읽었겠는가? 그러므로 경전이 깨달음의 원인이 될 수 없다는 것은 분명한 사실이다. 다만 붓다가 했던 것을 하라! 그의 말에 지나치게 관심을 갖지 마라. 그가 무슨 말을 했건 그것은 그와 같은 시대에 살았던 사람들, 그와 이야기하고 있었던 사람들을 위한 것이다.

붓다가 했던 것을 하라! 그는 무심이 되었다. 그대 또한 무심이 되기 위해서는 붓다와 그의 경전을 던져 버려야 할 것이다. 오직 그 '비어 있음(emptiness)' 안에서만 그대의 벚꽃이 피어날 수 있다. 잠재되어 있던 벚꽃이 현실로 피어날 수 있다. 무심의 상태에 드는 것, 그것은 곧 봄을 초대하는 것이다.

무심의 상태에 들면 수많은 기적이 뒤따라 일어날 것이다. 그러나 기적을 염두에 두지 마라. 기적을 바라기 시작하면 결코 무심이 될 수 없을 것이다. 기적에 대한 욕망은 마음이 비는 것을 허용하지 않을 것이기 때문이다.

그러니 구도자는 너무 심각하게 몰두하지 말아야 한다는 것을 명심하라. 그것은 구도자가 잊지 말아야 할 가장 중요한 사실 중의 하나이다. 구도자는 항상 여유 있는 즐거움을 가져야 한다.

"존재계에 진리가 있다면, 언젠가 그것을 만나게 되겠지."

너무 심각해지지 마라. 놀이하는 기분으로 여유를 가져라. 그 유희성(Playfulness) 안에서 그대는 긴장을 풀고 이완된다. 완전히 휴식한다. 그때, 그대는 고탐 붓다 자체를 발견할 것이다. 그러니 그의 가르침에 신경 써야 할 이유가 없지 않은가? 고탐 붓다 자체를 발견할 수 있는데 왜 죽은 경전에 매달려야 한단 말인가?

이큐는 옳다. 절대적으로 옳다.

마니샤의 질문

주시는 현존(現存)입니까, 아니면 부재(不在) ─ 마음과 육체에 대한 동일시의 부재 ─ 입니까?

마니샤, 그것은 어려운 질문이다. 그것이 어려운 단 하나의 이유는, 그대의 마음이 모순을 받아들이지 않기 때문이다. 그런데 존재계는 절대적으로 모순의 편이다. 사실, 존재계는 모순으로 이루어졌다. 그러므로 현존(現存)과 부재(不在)라는 말은 둘 다 옳다.

주시 안에서는 그대의 퍼스낼러티(personality)가 부재한다. 그대의 마음, 생각, 감정 등 마음속에 갖고 다니는 모든 것이 부재한다. 이런 측면에서 본다면 '빈 마음(empty mind)'이 곧 무심이다. 그러나 이 모든 것이 비는 순간, 그대의 잠재성이 성장하기 시작한다. 그대가 마음속에 쌓아 둔 온갖 가구로 인해 성장을 방해받고 있던 새로운 현존이 자라기 시작한다.

모든 가구와 돌을 치우고 나면 토양이 준비된다. 거기에 새로운 현존이 나타난다.

그러므로 마음에 관한 한, 현존과 부재 둘 다 존재한다. 명상은 부재를 창조하려는 노력이다. 마음이 진정으로 부재하면 그 침묵 속에, 그 무한한 공간 속에 그대의 잠재성이 빛을 발하며 성장하기 시작한다. 돌연 그대는 아름다운 벚꽃, 새로운 현존, 새로운 향기로 가득 차게 된다.

그러므로 명상 안에는 현존과 부재가 둘 다 존재한다. 한편에서 그대는 비어 있으며, 다른 한편에서는 빈 공간이 그대의 잠재성으로 가득 찬다. 전에는 그 잠재성이 꽃필 공간이 없었다.

명상은 단지 그대의 잠재성이 꽃필 수 있는 공간을 창조하는 것이다. 명상의 경지에 든 사람은 그대가 느낄 수 있을 정도로 엄청난 현존을 갖는다.

내가 식사를 하는 방에는 조그만 불상이 있다. 그것은 불상일 뿐이다. 그러나 자예쉬(Jayesh)는 처음으로 그것을 보고 나서 이렇게 말했다.

"이 불상은 대단한 현존을 지니고 있습니다."

나는 그 불상을 사랑한다. 그래서 인도에서 미국으로, 다시 미국에서 인도로 올 때에도 그 불상을 지니고 다녔다. 왜냐하면 그 불상은 현존을 갖기 때문이다. 그 불상은 명상하는 붓다의 상이다. 그 자세 안에 명상의 어떤 것이 생생한 오라(aura)를 발산한다.

나는 붓다홀 출입구 근처에도 불상을 갖다 놓았다. 그대는 그 불상에서 무엇인가 볼 수 있다. 그 불상은 명상하는 자세로 무엇인가 내뿜고 있다. 불상 옆에 앉아 보라. 그러면 불상에서 그대를 향해 무엇인가 흐르고 있음을 알게 될 것이다. 나는 숭배를 말하고 있는 게 아니다. 다만 가까이 앉아 침묵 속에서 불상의 자세를 지켜보라는 것이다. 그 명상의 자세로부터 무엇인가 발산된다. 돌조각에서 명상의 어떤 것이 뿜어져 나온다.

명상할 때, 그대는 동시에 두 가지 일을 한다. 한편으론 모든 쓰레기를 내던지고, 다른 한편으론 장미꽃이 만개하도록 돕고 있는 것이다. 그대는 부재를 지닐 것이고, 동시에 커다란 현존을 지닐 것이다. 그대 안의 추악한 모든 것이 부재하고, 아름다운 모든 것이 현존한다.

7.
목적지 없는 여행

임제가 금우(金牛)를 찾아갔다. 금우는 임제가 자기의 절에 오는 것을 보고는 주장자를 가로 뉘여 막고서 문에 걸터앉았다.

임제는 손으로 주장자를 세 번 두드리고 방에 들어가 제일 상석에 앉았다.

금우가 들어와 임제를 보고는 말했다.

"주인과 손님의 만남에는 각별한 예의가 있는 법인데, 그대는 어디에서 왔기에 이리도 무례한가?"

임제가 말했다.

"노화상께서는 무슨 말씀을 하십니까?"

금우가 막 입을 열려고 하는데 임제가 그대로 후려쳤다. 금우가 넘어지는 시늉을 하자 임제는 다시 한 번 후려쳤다.

금우가 말했다.

"오늘은 내게 이득이 없구나."

후에, 위산이 앙산(仰山)에게 물었다.

"이 두 큰스님 중에 이기고 진 사람이 있느냐?"

앙산이 말했다.

"이긴 자는 철저하게 이겼고, 진 자는 철저하게 졌습니다."

마니샤, 이 일화를 이해하기 위해서는 먼저 인간의 조건화(conditionality)에 대한 선의 입장을 이해해야 한다.

우리의 삶에는 모든 것이 조건지워져 있다. 환경에 의해, 전통에 의해 모든 것이 특정한 조건의 테두리에 갇혀 있다. 이 말은 그대의 것이 하나도 없다는 말이다. 모든 것이 외부에서 온 것이다. 그대는 다만 그것들이 모이는 집합 장소일 뿐이다. 그대 자신의 것은 아무 것도 없다. 그대는 완전히 빈털터리이다.

선은 그대가 아무 조건 없이 삶에 접근하기를 원한다. 그것은 아무 편견 없이, 선입관과 기대감 없이 삶을 대하라는 말이다. 그대는 자신의 중심에 서 있을 때에만 전체적이 될 수 있다.

그대는 어떤 사람을 사랑한다. 하지만 그대의 사랑은 조건부 사랑이다. 그대에겐 친구가 있지만 그 친구들은 조건부 우정을 갖는다. 조금만 상황이 바뀌면 애인이 원수가 되고, 친구는 더 이상 친구가 아니다.

마키아벨리(Machiavelli)는 「군주론」에서 훌륭한 통찰력을 보여 준다. 「군주론」은 외교에 관한 책이고 종교와 아무 관계도 없지만 거기엔 그대의 이해를 도울 수 있는 통찰이 들어 있다.

마키아벨리는 이렇게 말한다.

"왕은 적에게 말할 수 없는 것을 친구에게 말해서는 안된다. 오늘의 친구가 내일의 적이 되고, 오늘의 적이 내일의 친구가 될지도 모르기 때문이다."

그는 외교 정책을 논하고 있다. 그러나 우리의 삶 전체가 곧 외교가 아닌가? 우리는 청중이 인정해 줄 만한 것을 말한다. 거기엔 조건이 개입되어 있다. 그러나 진리를 말하기 위해선 그 말을 청중이 좋아할지 싫어할지 고려해서는 안된다.

구제프(Gurdjieff)[1]는 제자들에게 진리를 발견하기 위한 기본

원칙으로써 모든 조건에서 탈피할 것을 가르쳤다. 만일 어떤 조건을 개입시키면 그 조건은 장애물이 될 것이다. 그런데 세상의 모든 종교는 조건을 빼고 나면 남는 게 무엇인가?

  힌두교인과 기독교인이 앉아서 명상할 때, 힌두교인의 열망은 크리슈나(Krishna)를 보는 것이고, 기독교인의 열망은 예수를 보는 것이다. 그들의 마음은 조건지워져 있다.

  그러므로 힌두교인이 크리슈나를 보고, 기독교인이 예수를 보는 것은 가능하다. 기독교인이 크리슈나를 보고, 힌두교인이 예수를 보는 일은 생기지 않을 것이다. 그들은 오직 자기의 조건에 일치하는 것을 보게 될 것이다. 그들은 환상 속에서 자신의 조건을 보는 것이다. 그러면서도 그들은 신을 체험했다고 기뻐 날뛴다.

  세상에서 소위 성자라고 불리는 사람들은 모두 정신병자이다. 그들은 먼저 마음속의 모든 조건을 깨끗이 청소하는 것이 진리의 발견을 위한 근본 토대라는 것을 이해하지 못한다. 아무 조건도 없이 완전히 비어 있는 상태에서 존재계를 대하라. 존재계 스스로 말하게 허용하라. 요구하지 마라.

  바로 이 점에서 선은 종교성(religiousness)의 가장 높은 경지에 올라 있다. 예수가 추종자들에게 한 말과 선을 비교해 보라. 예수는 이렇게 말했다.

  "요구하라, 그러면 주어질 것이다."

  요구한다는 것은 어떤 욕망, 어떤 염원, 어떤 탐욕의 성취를 원하

---

1) (1872-1949) 원명은 George Ivanovitch Gurdjieff. 그리스계 아르메니아인, 티벳, 인도, 중동, 중국 등지를 여행하면서 동양의 종교와 신비를 탐구. 이를 서양인에게 알맞게 개조하여 소개함. 특히 이슬람 신비주의인 수피즘(Sufism)의 춤이 중심을 이룸. 그의 가르침을 계승하는 많은 신비 단체들이 있으며 '서양의 붓다'로 알려짐.

는 것이다. 그 외에 무엇을 요구할 수 있겠는가? 그러나 존재계는 그대의 요구를 들어줄 의무가 없다.

예수는 계속해서 말한다.

"두드려라, 그러면 열릴 것이다."

그는 마치 존재계가 닫혀 있는 것처럼 말한다. 그대가 두드리지 않으면 문이 열리지 않을 것처럼 말한다.

그러나 진실은, 존재계에 문이 없다는 것이다. 그러니 어디를 두드리겠는가? 존재계는 매순간 그대 곁에 있다. 그대의 문이 닫혀 있을 뿐이다. 그대는 그대 자신의 문을 두드릴 것인가? 그렇다면 누가 그 문을 열어줄 것인가?

예수는 '찾아라, 그러면 발견할 것이다'라고 말한다. 아름다운 말이다. 그대가 이해하지 못한다면 이 말은 훌륭한 시처럼 들린다. 그러나 그대가 이해한다면 이 말은 종교적인 의식(consciousness)에 대한 말이 아니다.

종교적인 의식은 예수의 말을 정반대로 바꿀 것이다. 구하라, 그러면 놓칠 것이다. 구하지 마라, 그러면 이미 발견한 것이다. 두드려라, 그러면 헛되이 두드리게 될 것이다. 왜냐하면 존재계에는 문이 없기 때문이다. 존재계는 모든 차원에서 열려 있다. 요구하라, 그러면 환상 속에 살게 될 것이다. 그것은 존재계에 의해 주어지는 것이 아니라, 그대 자신의 상상에 의해 주어지는 것이 될 것이다.

존재계에 아무 조건도 부여하지 마라. 존재계에 압력을 넣지 마라. 그대에게 무엇이 오든 그저 받아들이고 기뻐하라. 아무 조건도 없는 사람에게 존재계는 놀랄 만큼 풍요롭게 다가온다. 그대는 아무 것도 요구하지 않았다. 그런데 모든 보물, 모든 신비가 그대의 것이 된다. 그대는 추구하지 않았다. 그런데 진리가 이미 여기에 있다.

그대가 곧 진리이다! 모든 추구는 어리석은 짓이다. 더 많이 추구할수록 그대는 진리에서 더 멀어진다. 그러니 추구를 멈춰라. 욕망, 추구, 요구를 완전히 중단하라. 다만 가슴을 열고 아무 조건도 없이 자신의 중심에 남으라. 그러면 말해질 수 없는 것을 발견할 것이다.

지금까지 말한 것을 배경 삼아 이 일화를 이해하도록 하라.

임제가 금우(金牛)를 찾아갔다. 금우는 임제가 자기의 절에 오는 것을 보고는 주장자를 가로 뉘여 막고서 문에 걸터앉았다.

임제는 손으로 주장자를 세 번 두드리고 방에 들어가 제일 상석에 앉았다.

제일 상석은 금우의 자리이다. 금우는 그 절의 스승이었다. 그런데 손님으로 온 임제는 이상한 행동을 했다. 그는 금우의 주장자를 세 번 두드리고는 아무 말도 없이 방에 들어가 스승의 자리에 앉았다.

금우가 들어와 임제를 보고는 말했다.
"주인과 손님의 만남에는 각별한 예의가 있는 법인데……."

바로 이 점에서 임제는 다르다. 위대한 스승이라면 누구든지 다를 것이다. 금우는 임제보다 더 많은 제자를 거느리고 있었다. 왜냐하면 대중은 금우를 더 쉽게 이해할 수 있기 때문이다. 금우는 대중의 예법을 따르고 있었다. 그리고 금우는 임제에게도 그것을 기대했다.

금우가 들어와 임제를 보고는 말했다.
"주인과 손님의 만남에는……."

금우는 자신이 주인이고 임제는 손님이라고 생각한다. 물론 형식상으로는 그렇다.

"주인과 손님의 만남에는 각별한 예의가 있는 법인데……."

임제는 이 점에 동의하지 않는다. 위대한 스승이라면 누구든지 동의하지 않을 것이다. 전통적인 형식이라고? 그렇다면 선은 무엇인가? 선은 형식에 대한 혁명이다. 선은 즉흥적이고 자발적인 것에는 전적으로 찬성하지만 의례적인 것에는 찬성하지 않는다.

"주인과 손님의 만남에는 각별한 예의가 있는 법인데, 그대는 어디에서 왔기에 이리도 무례한가?"

임제는 무례하지 않다. 표면적으로 볼 때는 무례하게 보일 것이다. 그러나 임제는 자신의 위치를 정확하게 표현하고 있다. 금우의 주장자를 세 번 쳤을 때 임제는 금우에게 이렇게 말한 것이다.
"더 위대한 스승이 여기에 왔다는 것을 알아라. 당신은 형식을 가르치는 선생에 불과하다."
주장자를 세 번 친 것은 다음과 같은 사실을 말한다.
"형식적으로는 당신이 주인이다. 하지만 경험에서는 내가 주인이고 당신이 손님이다."
임제는 '스승이 제자를 찾아왔다'고 말한다. 그는 금우의 주장자를 침으로써 '내가 여기에 있는 동안에는 내가 스승이다'라는 뜻을 분명히 밝혔다. 그는 무례한 사람이 아니다. 그는 매우 솔직담백한 사람이다. 그것은 진정한 스승의 특성이다.

금우가 임제에게 물었다.

"그대는 어디에서 왔기에 이리도 무례한가?"

임제가 행동을 통해 분명히 밝혔음에도 불구하고 금우는 그 행동을 이해하지 못했다. 임제는 금우의 주장자를 세 번 치고는 방에 들어가 스승의 자리에 앉았다.

임제는 말한다.

"당신은 선생일 뿐, 아직 스승이 아니다. 당신이 아는 것은 모두 지식에 불과하다. 그것은 당신 자신의 경험이 아니다."

임제가 말했다.

"노화상께서는 무슨 말씀을 하십니까?"

'화상'이라는 말은 상당한 존대어이다. '화상'이라는 단어 하나로 임제는 말했다.

"나는 무례를 범하지 않았소. 나는 다만 내가 여기에 왔다는 것을 선언했을 뿐이오."

"노화상께서는 무슨 말씀을 하십니까?"

"당신은 연장자이므로 나는 당신을 충분히 존중한다. 그러나 그것은 당신이 진리를 안다는 것을 의미하지는 않는다. 당신은 평생 동안 열심히 노력해 왔다. 당신은 스스로를 갈고 닦았다. 하지만 아직 핵심에 이르지 못했다. 나는 당신의 나이와 평생에 걸친 노력을 존경한다.

나는 무례한 사람이 아니다. 하지만 아무리 무례하게 보인다 해도 진리는 말해져야 한다. 도대체 노화상은 무슨 말을 하는 건가?"

'화상'이라는 말을 씀으로서 임제는 자신의 입장을 분명히 밝혔다.

"나는 무례하지 않다. 나는 어느 누구에게도 무례를 범하지 않는다. 내가 당신의 주장자를 친 것은, 당신에게 주장자를 갖고 있을 자격이 없다는 것을 알기 때문이었다. 그것은 자비심에서 나온 행동이었다. 주장자는 내 손안에 있어야 한다. 그런데 당신은 내가 당신이 앉던 자리에 앉은 이유를 이해하지 못했다.

당신은 모욕을 느끼고 있다. 하지만 진정한 스승은 항상 주인으로 오지, 손님으로 오지 않는다. 이것이 내가 말하는 전부이다."

금우가 막 입을 열려고 하는데 임제가 그대로 후려쳤다.

임제는 금우가 말을 하도록 허락하지 않았다. 그것은 말이나 대화의 문제가 아니었기 때문이다.

"이것을 이해하시오. 언어에 신경 쓰지 말고 지금 이 상황을 이해하시오."

금우는 막 입을 열어 뭔가 말하려던 참이었다. 그런데 임제는 그를 후려쳤다.

"아무 말도 하지 마시오! 설명에 정신 팔지 말고 상황을 보시오! 내 눈을 들여다 보시오!"

금우가 넘어지는 시늉을 하자 임제는 다시 한 번 후려쳤다.

왜냐하면 선에서는 허식이 허용되지 않기 때문이다. 그대는 아무 노력도 없이 저절로 넘어지거나……그대는 넘어지는 체 연기를 해서는 안된다. 선은 연극이 아니다.

금우가 넘어지는 시늉을 하자 임제는 다시 한 번 후려쳤다.

이번의 매는 금우의 겉치레를 나무라는 것이다. 넘어지는 것뿐 아니라 그의 삶 전체가 겉치레이다. 그는 스승이 아니다. 그럼에도 불구하고 스승인 체한다.

금우가 말했다.
"오늘은 내게 이득이 없구나."

이것은 이해에 도달한 자의 응답이 아니다. 금우는 여전히 우열의 개념으로 생각한다. 그는 임제의 행동에 담긴 의미를 이해하지 못했다. 세상 사람들이 모든 것을 운명, 손금, 사주의 탓으로 돌리듯이 금우 또한 어리석은 핑계를 댄다.
"내가 무엇을 할 수 있겠는가? 오늘은 일진이 좋지 않다."
스승은 초대받지도 않았는데 제발로 높은 언덕에서 걸어 내려와 금우의 절을 찾았다. 그리고 금우를 일깨우려고 노력했다. 임제는 금우가 이 사실을 이해할 수 있도록 여러 번 기회를 주었다. 그날은 금우의 평생에서 가장 뜻깊은 날이 될 수도 있었다. 그런데 금우는 여전히 우열에 대해 생각하고 있다…….

후에, 위산이 앙산(仰山)에게 물었다.
"이 두 큰스님 중에 이기고 진 사람이 있느냐?"

이것은 선에서 계속 이어 내려온 질문이다.
"그날 무슨 일이 있었는가? 누가 승자이고, 누가 패자인가?"

후에, 위산이 앙산(仰山)에게 물었다.
"이 두 큰스님 중에 이기고 진 사람이 있느냐?"
앙산이 말했다.
"이긴 자는 철저하게 이겼고, 진 자는 철저하게 졌습니다."

이것은 매우 심오한 말이다. 이 말은 승자가 되느냐, 아니면 패자가 되느냐 하는 문제는 아무 의미도 없음을 뜻한다. 핵심은, 무엇이 되었든지간에 전체적이고 자연 발생적이어야 한다는 것이다. 자연 발생적인 패배는 승리만큼 가치 있다. 진정한 가치는 자발성(自發性:spontaneity)과 무조건성(unconditionality)에 있다.

만일 실패했다면 그 실패를 아무 조건 없이 즐겁게 받아들여라. 그것은 자연의 선물이다. 아무리 어두운 밤도 아름다운 새벽으로 바뀔지 모른다. 그대는 이긴 자가 누구이고 진 자가 누구인지에 대해 견해를 가져서는 안된다. 선에서는 무슨 일이 일어나건 자발적인 상태를 유지해야 한다. 진정한 가치는 자발성에 있다.

그러나 자발성의 가치를 승리가 대신 차지했다. 승리는 투쟁적인 세계의 일부이다. 승리는 수많은 조건과 욕망으로 틀지워진 세계에 속한다. 선은 승리나 패배에 관심이 없다. 승리와 패배는 무의미하다. 진정한 의미는 자발성에 있다. 자발적인 사람이 패배하는 경우도 있을 수 있으며, 조건적인 사람이 승리자가 될 수도 있다. 그러나 선의 눈으로 보면 패배한 사람이 더 높은 경지에 있다.

선객인 동시에 무사인 사람이 있었다. 어쩌다 집에 일찍 돌아온

날, 그는 자기 부인이 하인과 정을 통하고 있는 것을 목격했다.

한 명의 선객으로서 그는 하인에게 말했다.

"걱정하지 말고 하던 일을 마저 끝내라. 나는 밖에서 기다리겠다. 무슨 짓을 하든 상관 않겠다. 하지만 일이 끝난 후에는 칼을 들고 결투를 해야 할 것이다."

하인은 벌벌 떨기 시작했다. 그는 칼을 어떻게 잡는지도 몰랐다. 게다가 그의 주인은 유명한 사무라이(samurai)가 아닌가? 주인은 단칼에 그의 목을 베어 버릴 것이었다.

그래서 하인은 뒷문으로 달아나 선사를 찾아갔다. 그 선사는 또한 사무라이의 스승이기도 했다.

하인이 선사에게 자초지종을 설명했다.

"저는 곤경에 처했습니다. 그것은 전적으로 제 잘못이지만 이미 엎지러진 물입니다. 어찌하면 좋겠습니까?"

선사는 주의 깊게 듣고 나서 말했다.

"걱정하지 마라. 내가 너에게 칼 쓰는 법을 가르쳐 주겠다. 네 주인이 훌륭한 무사이긴 하지만 그건 문제가 안된다. 문제는 자발성(spontaneity)이다. 자발적일 때 너는 네 주인보다 더 나을 것이다. 네 주인은 자신만만해 하고 있을 것이기 때문이다. 사실, 검술로 치자면 너는 살아 남을 가능성이 없다. 그것은 고양이가 생쥐를 데리고 노는 꼴이 될 것이다.

그러나 걱정하지 마라. 전체적이 되라. 그를 힘껏 내리쳐라. 이것은 네가 살아 남을 수 있는 유일한 기회이다. 혼신의 힘을 다하라. 그가 너를 용서할지도 모른다는 생각은 아예 꿈도 꾸지 마라. 그는 절대로 너를 용서하지 않을 것이다. 너는 그와 싸울 수밖에 없다. 너는 그의 성질을 건드렸다. 그러나 아무 문제도 없을 것이다. 내가 보는 한, 최후의 승자는 네가 될 것이다."

하인은 선사의 말을 믿을 수 없었다. 선사가 계속 말했다.
"나는 네 주인을 가르친 사람이다. 나는 그가 어떻게 나올지 훤히 알고 있다. 그는 자신이 이길 것이라는 것을 잘 알고 있기 때문에 전체적이 될 수 없다. 그러나 너에게는 아무 조건 없이 혼신의 힘을 다하는 것 외에 다른 방법이 없다. 전체적이 되라. 너는 어디를 쳐야 할지, 어떻게 쳐야 할지 모른다. 그러니 아무 데나 쳐라. 완전히 미쳐라!"
하인이 말했다.
"선사님의 말씀에 따르겠습니다. 제가 살아 남을 가능성이 없으니 뭘 망설이겠습니까? 어차피 이판사판이지요!"
하인은 칼 잡는 법을 배웠다. 그리고 주인에게 돌아가 도전했다.
"자, 덤비시오!"
무사는 믿을 수 없었다. 그는 하인이 무릎을 꿇고 눈물을 흘리며 용서를 구할 것이라고 생각했었다. 그런데 하인은 지금 사자처럼 으르렁거리고 있지 않은가?
하인은 선사에게서 받은 칼을 들고 있었다. 무사는 그 칼을 알아보았다.
"너는 그 칼을 어디에서 구했는가?"
하인이 말했다.
"당신 스승에게서 받은 것이오. 잔말 말고 빨리 덤비시오! 결판을 냅시다. 당신과 나 둘 중의 한 명만 살아 남을 것이오. 사생결단을 냅시다!"
무사는 가슴속에 어떤 전율이 스쳐 지나가는 것 같았다. 하지만 곧 생각을 고쳐 먹었다.
"제까짓 게 뭘 어쩔 수 있겠는가? 검술이 하루 아침에 되는 것인가? 나는 전쟁터에서 혁혁한 무공을 세운 무사가 아니더냐? 그런데 이 놈이 하룻강아지 범 무서운 줄 모르고……."

드디어 무사가 칼을 뽑았다. 하인은 완전히 미친 것 같았다. 그는 어디를 쳐야 할지도 몰랐다. 그냥 닥치는 대로 휘둘렀다. 무사는 당황했다. 왜냐하면 지금까지 상대한 사람은 모두 검술을 아는 자들이었기 때문이다. 그런데 검술의 검자도 모르는 이 하인은 별의 별 짓을 다하고 있었다. 도대체 종잡을 수가 없었다.

마침내 하인이 무사를 벽으로 밀어붙였다.

무사가 말했다.

"나를 용서하라. 그러다가 나를 죽이겠다. 너는 싸우는 법을 모른다. 도대체 무슨 짓을 하고 있는 것이냐?"

하인이 말했다.

"이것은 행위의 문제가 아닙니다. 내 마지막 순간이 될지도 모르는 상황입니다. 나는 혼신의 힘을 다해 싸울 것입니다."

결국 하인이 이겼다. 무사는 스승을 찾아가 물었다.

"도대체 무슨 기적을 일으키신 겁니까? 그는 오 분만에 위대한 전사가 되어서 나타났습니다. 그는 저를 죽일 수 있을 만큼 예리하고 무모하게 칼을 휘둘렀습니다. 그는 저를 벽에 밀어붙이고 칼을 제 옆구리에 갖다 댔습니다. 저는 그에게 용서를 구해야 했습니다. 그리고 그에게 무슨 짓을 해도 상관하지 않을 테니 앞으로도 하고 싶은 대로 하라고 말해야 했습니다."

스승이 말했다.

"너는 전체적으로 되는 법을 배워야 한다. 아무 조건도 없는 철저함……그것이 패배를 가져 오느냐, 승리를 가져 오느냐는 중요한 문제가 아니다. 중요한 것은 네 하인이 전체적이었다는 것과, 전체적인 사람은 결코 패배하지 않는다는 것이다. 그의 전체성이 곧 그의 승리이다."

이것이 앙산이 말하고 있는 것이다.

앙산이 말했다.
"이긴 자는 철저하게 이겼고……."

그는 '나는 승자이다'라고 자랑하지 않는다. 내가 이긴 것이 아니라 전체적인 의식이 이긴 것이다.

"……진 자는 철저하게 졌습니다."

패배의 문제는 없다. 졌다는 느낌이 없다. 그는 최선을 다했다. 자연이 상대방을 승리자로 택했다 해도 그것으로 좋다.
"나는 미련 없이 싸웠다. 나는 최선을 다했다. 나는 전체적이었으며 자발적이었다. 그 이상은 할 수 없다."
일본에서는 두 명의 무사가 싸울 때 승자도 패자도 없이 끝나는 경우가 허다하다. 왜냐하면 둘 다 전체적이기 때문이다. 그들은 절대적으로 즉흥적이고 자발적이다. 드문 일이긴 하지만 간혹 패자가 생기는 경우도 있다. 하지만 누가 패했든 그것은 우연일 뿐이다. 승자는 자신의 승리를 뽐내지 않는다. 오히려 패자를 껴안고 그의 전법을 칭찬한다.
"당신은 혼신의 힘을 다해 싸웠소. 내가 이긴 것은 다만 우연일 뿐이오. 즉흥성과 전체성에 관한 한, 당신은 나와 평등하오."
이것은 전혀 색다른 접근방식이다. 승패는 더 이상 중요한 가치가 아니다. 커다란 가치의 변화가 일어난다. 전체성과 철저한 즉흥성, 그대가 싸움에 내걸었던 모든 것이 진정으로 가치 있는 것이다. 승리했든 패배했든 그것은 문제가 안된다.

헤리겔(Herrigel)이라는 독일인 교수는 일본 선사의 첫 번째 서양인 제자들 중의 한 명이다. 그는 궁술을 배우고 있었다. 그는 이미 독일에서 훌륭한 궁수로 인정받고 있었다. 그는 거의 백 퍼센트에 가까운 명중률을 자랑하고 있었다. 그의 화살은 항상 표적의 정중앙에 꽂히곤 했다.

독일에서는 성공률이 퍼센테이지(percentage)로 계산된다. 세상 어느 곳에서나 그런 방식으로 계산할 것이다. 그러나 일본은 다르다. 일본에서는 가치의 기준이 다르다.

헤리겔은 독일에서 제일 가는 궁수였다. 그런데 일본에서는 평가 기준이 다르다는 말을 들었다. 그는 일본으로 건너가 스승을 만났다. 그리고 삼 년 동안 스승과 함께 지냈다. 그는 스승이 항상 '너는 빗나갔다'고 말하는 이유를 이해할 수 없었다. 그의 화살은 항상 정중앙에 꽂혔기 때문이다.

스승이 말했다.

"너의 화살이 중앙에 꽂히느냐 아니냐는 핵심이 아니다. 핵심은 네가 즉흥적으로 되어야 한다는 것이다. 표적에 대해서는 잊어라. 즉흥적으로 되어야 한다는 것을, 어떤 노력도 기울여서는 안된다는 것을 명심하라."

삼 년이 지났다. 그러나 헤리겔은 스승의 말 뜻을 이해할 수 없었다. 그는 날마다 애써 보았지만 스승은 항상 '그게 아니다!'라고 말했다.

결국 그는 독일로 돌아가기로 결심했다.

"이것은 전혀 쓸모없는 짓이다. 시간 낭비일 뿐이다!"

그는 스승이 말하는 즉흥성을 이해할 수 없었다. 궁수가 어떻게 즉흥적일 수 있겠는가? 궁수는 표적을 겨냥하고 정확하게 명중시켜야 한다. 이런 일이 어떻게 노력 없이 될 수 있겠는가? 노력이 절대적으로 필요하다.

　그대 역시 헤리겔의 생각에 동의할 것이다. 그러나 선은 동의하지 않는다. 삼 년이 지났지만 선사는 싫증내지도 않고 계속 헤리겔을 가르쳤다. 하지만 헤리겔은 긴장을 풀고 활을 대할 수 없었다.

　어느 날, 헤리겔이 선사에게 말했다.

　"내일 저는 일본을 떠납니다. 스승님의 가르침을 이해하지 못한 점 죄송스럽게 생각합니다. 하지만 아직도 전적으로 제가 옳다는 생각은 버리지 못했습니다. 스승님께서 무슨 근거로 제가 궁도에 대해 아무 것도 모른다고 말씀하시는지 도무지 이해할 수 없습니다."

　그 다음날 아침 일찍 헤리겔은 스승에게 마지막 인사를 드리러 갔다. 스승은 다른 사람들을 가르치고 있었다. 헤리겔은 의자에 앉아 구경했다. 난생 처음으로 헤리겔은 궁도에 관심이 없었다. 그는 곧 떠날 예정이었으며, 선을 통해 궁도를 배우겠다는 생각은 포기한 상태였다. 그래서 그는 완전히 릴랙스(relax)된 상태에서 지켜보고 있었다. 그는 스승이 어떻게 활을 잡는지, 얼마나 릴랙스되어 있는지 관찰했다. 스승은 마치 화살이 표적을 맞추건 못 맞추건 관심이 없는 것 같았다. 긴장과 욕망이 없었다. 다만 놀이를 즐기듯 편안한 상태였다.

　헤리겔은 삼 년 동안 스승을 보아왔다. 그러나 그는 욕망으로 가득 차 있었기 때문에 스승의 궁도가 전혀 다른 차원에 있다는 것을 볼 수 없었다. 가치는 표적에 있는 것이 아니다. 진정한 가치는 그대와 그대의 몸짓 안에 있다. 그대는 릴랙스되어 있는가? 그대는 전체적인가? 그대의 마음은 전적으로 침묵하고 있는가? 스승은 지향점이 다르다……. 왜냐하면 궁도는 중요한 것이 아니기 때문이다. 중요한 것은 명상이다. 명상의 경지에 든 사람은 표적에 관심이 없음에도 불구하고 정확하게 표적을 맞춘다. 무심 안에서, 완전히 릴랙스된 침묵 안에서 그는 정확하게 표적을 꿰뚫는다.

선은 모든 것에 새로운 가치를 부여한다. 중국에는 '완벽한 경지에 오른 음악가는 악기를 버리고, 완벽한 경지에 오른 궁수는 활과 화살을 버린다'는 말이 있다. 이상한 말이다. 어차피 활을 버릴 것이라면 완벽한 궁수가 되는 것이 무슨 소용이란 말인가?

어떤 사람이 중국의 황제에게 말했다.
"이제, 폐하께서는 저를 중국에서 가장 위대한 궁수로 발표하셔야 할 것입니다. 저는 어떤 도전도 받아들일 용의가 있습니다."
그는 완벽한 궁수였다. 그는 헤리겔과 마찬가지로 백 퍼센트의 명중률을 자랑하고 있었다.
왕이 말했다.
"그대는 깊은 산 속에 살고 있는 늙은 궁수에 대해 들어본 적이 있는가?"
그가 말했다.
"예, 저도 소문은 들었습니다. 하지만 언제든지 겨룰 준비가 되어 있습니다."
왕이 웃으면서 말했다.
"나는 궁도에 대해 아무 것도 모른다. 그러니 그대는 그 노인을 찾아가 만나도록 하라. 만일 그가 인정한다면 나도 그대를 인정할 것이다. 아마 그는 가장 위대한 궁수일 것이다. 그를 만나 인정을 받아 오라. 그러면 그대를 이 나라에서 가장 위대한 궁수로 발표하겠다. 하지만 그의 인정이 없으면 나 역시 인정할 수 없다."
그래서 젊은 궁수는 높은 산으로 노인을 찾아갔다. 노인은 아주 나이가 많았으며 등이 꼬부라져 똑바로 설 수도 없었다.

젊은 궁수가 물었다.
"노인장께서 궁수입니까?"
노인이 말했다.
"그랬었지. 하지만 그것은 반세기도 더 지난 일이야. 스승이 나를 완벽한 궁수로 인정했을 때 나는 화살을 놓았다네. 자네는 자신을 완벽한 대가로 생각하는 것 같군. 그래서 인정을 받으러 온 것이지?"
노인은 이미 왕에게서 어떤 사람을 보냈다는 전갈을 들은 상태였다.
젊은 궁수가 말했다.
"그렇습니다."
노인이 말했다.
"그런데 자네는 활과 화살은 왜 가지고 다니나?"
젊은 궁수가 말했다.
"이상한 말씀을 하시는군요. 궁수니까 당연히······."
노인이 웃음을 터뜨렸다. 노인은 움막 밖으로 나가서 청년을 절벽으로 데리고 갔다.
절벽은 까마득하게 깊었다. 단 한 발자국만 실수하면 그대로 끝장날 판이었다. 노인은 절벽의 가장자리로 걸어갔다. 발의 반은 절벽 위에 있고, 반은 절벽 밖으로 나가 있었다.
청년은 눈을 의심했다. 노인이 말했다.
"자네도 이리로 오게. 한 사람 더 앉을 자리는 있으니까!"
청년은 용기를 내어 시도했다. 그러나 단 두 발자국을 옮기고는 그대로 주저앉고 말았다. 그는 부들부들 떨었다.
노인이 웃음을 터뜨리며 말했다.
"무슨 궁수가 그 모양인가? 자네는 화살 하나로 새를 몇 마리나

잡을 수 있지?"

청년이 말했다.

"그야 물론 한 마리지요."

노인이 말했다.

"자네는 훌륭한 선사 밑에서 더 배워야겠군. 화살 하나로 한 마리 밖에 못 잡는다면 그건 화살을 낭비하는 것이야. 내 스승님은 화살 하나로 한 떼거리를 잡지 못하는 사람은 궁수로 인정하지도 않으셨지!"

청년이 말했다.

"노인장께서는 몇 마리나 떨굴 수 있습니까?"

"자네가 숫자를 세어 보게."

마침 새 떼가 하늘을 날고 있었다. 노인은 그냥 새 떼를 쳐다보기만 했는데 일곱 마리가 떨어졌다.

청년이 외쳤다.

"맙소사!"

노인이 말했다.

"무엇이든지 전체적으로 보면 눈 자체가 화살이 되지. 하지만 자네는 초보자야. 자네는 절벽 끝을 걸을 수도 없었네. 속으로 떨고 있다면 자네의 궁술은 완벽할 수 없네.

자네는 표적을 명중시킬 수 있을지도 모르지. 하지만 그것은 핵심이 아니야. 핵심은 그대가 아무 동요도 없이 절대적으로 현존해야 한다는 것이지. 그때는 자네의 절대적인 현존 자체가 화살처럼 날카로워질 걸세.

고대 속담에 완벽한 경지에 오른 음악가는 악기를 버린다는 말이 있지 않은가? 그때는 그의 목소리, 그의 존재 자체가 음악이 되지. 그의 주변에 있는 공기 자체가 음악이지. 마찬가지로 궁수가 완벽한 경지에 오르면 그의 전체성 자체가 죽음의 빛이 되는 거야. 그래서 새 떼나 동물을 쳐다보는 것만으로도 잡을 수 있지.

돌아가서 내가 얘기한 핵심을 배우게. 표적은 표적이 아니야. 자네가 곧 표적이지. 전체적으로 되는 법을 배우게. 그리고 내가 살아 있기만 하다면 오 년 후에 자네를 찾아가겠네. 그때 가서 자네를 인정할 수 있나 없나 알아보지. 그리고 만일 내가 죽으면 내 아들놈이 대신 갈 걸세. 그 놈은 내가 인정할 만큼 훌륭한 궁수라네. 그 애는 자네를 심판할 수 있는 능력이 있네. 그 애도 나처럼 눈으로 화살을 쏠 수 있거든."

오 년 후, 노인이 청년을 찾아왔다. 그 오 년 동안 청년은 전체적으로 되기 위해 최선을 다했다. 그리고 마침내 뜻을 이루었다.

노인이 물었다.

"자네 활은 어디에 있나?"

청년이 말했다.

"이 년 전부터 저는 활을 구경도 못했습니다. 불과 이 년인데 몇 백 년이 지나간 것 같군요. 이젠 저도 어르신처럼 할 수 있습니다."

노인은 시험해 보지도 않고 그를 인정했다.

노인이 말했다.

"나는 자네의 눈에서 부동의 전체성을 볼 수 있네. 자네의 몸에는 완벽한 유연함이 넘치는군. 긴장은 조금도 없어. 이제 자네는 왕에게 가서 내가 인정했다고 말할 수 있네. 그리고 단지 자네를 인정하기 위해 내가 산에서 내려왔다고 전하게."

선은 모든 것에 새로운 가치를 부여한다. 선은 삶을 포기하는 것이 아니라, 삶을 변형시킨다. 선은 모든 것을 변형시킨다. 아무 것도 부정하지 않는다. 선에서 말하는 무조건성(unconditionality), 전체성, 즉흥성을 명심하라. 이것은 이상한 가치이다. 왜냐하면 선

외에 어떤 종교도 이런 가치에 대해 말하지 않기 때문이다. 그러나 이것은 진정한 가치이다. 이 가치들은 그대의 존재를 변화시킬 수 있는 연금술이다.

모든 종교는 형식과 에티켓, 예절에 대해 말한다. 그들은 그대의 인격을 세련되게 하는 데 관심이 있다. 그들은 그대를 위선자와 배우로 만들 뿐, 그대의 중심을 변화시키지 못한다.

이 일화는 참 아름답다.

앙산이 말했다.
"이긴 자는 철저하게 이겼고……."

이기고자 하는 욕망이 없었다. 다만 그 즉흥성과 명상성(meditativeness)을 즐겼을 뿐이다. 이젠 무슨 일이 일어나건 관심 밖이다.

물론 두 사람이 싸우면 한 사람이 지고, 한 사람이 이길 것이다. 그러나 승자와 패자를 가리는 것이 그렇게 중요한가? 중요한 것은 두 사람 다 몰입과 무조건성에 차이가 없다는 것이다. 무조건성의 정도가 더 높은 사람이 패자일 수도 있다. 그러나 선에 의하면, 그가 의식의 경지가 더 높은 사람이고 진정한 승자이다. 형식상의 승리는 별개의 문제이다.

이규는 이렇게 읊었다.

나는 오래 전부터 자연 속에
존재하지 않으며
마지막 목적지도 없고
아무 가치도 지니지 않는다.

그는 선의 핵심을 선언하고 있다.

나는 오래 전부터 자연 속에
존재하지 않으며……

나는 자연 속으로 사라졌다. 나는 언제부턴가 전기(傳記)를 갖지 않게 되었다. 나는 언제 그 밖의 다른 것이 되었는지 기억하지 못한다.

나는 오래 전부터 자연 속에
존재하지 않으며
마지막 목적지도 없고……

나는 나 자신을 찾지 못하겠다. 오직 자연만이 있을 뿐이다. 마지막 목적지가 없으니……. 나는 아무 데로도 가지 않는다. 나에겐 마지막 목적지가 없다. 마지막 목적지란 죽음을 의미할 것이기 때문이다.

삶은 끊임없는 과정이다. 종착지가 없다. 순례여행 자체가 삶이다. 도달해야 할 목적지는 없다. 목적지에 신경 쓰지 않고 그저 춤추고 노래하며 순례의 길을 가는 것, 이것이 삶이다.

우리가 목적을 갖고 무엇을 할 것인가? 아무도 이런 질문을 던지지 않는다. 모든 사람이 인생에 어떤 목적을 가지려고 노력하기 때문이다. 그러나 여기에 담긴 의미는…….

만일 삶의 목적지에 도달한다면 그 다음엔 무엇을 할 것인가? 그대는 매우 당황할 것이다. 아무 데로도 갈 곳이 없다……. 그대는 종착역에 도달했다. 그리고 여행 중에 모든 것을 잃었다. 이제 벌거벗은 채 종착역에 서서 바보처럼 사방을 두리번거린다. 왜 그랬던 가? 나는 열심히 서두르고 걱정하며 달려왔다. 그런데 이것이 결과 란 말인가?

나는 라빈드라나드 타골의 이야기를 말한 적이 있다. 그 이야기 는 노래를 통해 이렇게 말한다.

"나는 오랫동안 신을 추구해 왔다. 때때로 그는 달 주변에 있었 다. 그러나 내가 그곳에 도달할 때쯤이면 다른 별로 가버렸다. 나는 다른 별에서 그를 보았다. 그러나 내가 당도할 때쯤이면 또 다른 별 로 가버렸다. 이런 일이 계속되었다. 하지만 나는 즐거웠다. 왜냐하 면 그가 저기에 있기 때문이다. '어느 날엔가 나는 그를 발견할 것 이다. 그가 얼마나 오랫동안 숨을 수 있겠는가? 얼마나 오랫동안 도망칠 수 있겠는가?'

어느 날, 나는 마침내 〈신의 집〉이라고 문패가 붙은 집에 도착했 다. 나는 마침내 나의 운명이 이루어졌다는 해방감에 어쩔 줄 몰랐 다. 나는 계단을 올라가 막 문을 두드릴 참이었다. 그런데 문득 이 런 생각이 들었다.

'잠깐만 기다려. 다시 한번 생각해 보자! 만일 신이 나와서 문을 열면 나는 어떻게 되는 거지? 그 다음엔 무엇을 해야 하지?'"

그대의 삶 전체는 하나의 여행이고 순례이며, 발견이고 추구이 다. 그대는 수백만 년 동안 달리기 선수로 훈련받았다. 그리고 돌연 신을 만났는데 할 말이 없다. 무슨 말을 하겠는가?

이런 경우를 생각해 본 적이 있는가? 우연히 신을 만난다면 그대 도 할 말이 없고 신도 할 말이 없을 것이다. 그대는 불필요하게 자 신을 소진시키고 끝나 버린다. 마지막 목적지란 죽음을 의미한다.

이규는 옳다.

마지막 목적지도 없고
아무 가치도 지니지 않는다.

만물은 춤추고 즐기고 노래하라고 있는 것이다. 가치에 대해 묻지 마라. 무엇이 덕(德)이고 무엇이 선(善)인지 묻지 마라. 모든 것을 즐겨라. 삶은 어디에서도 끝나지 않을 것이며, 여행은 계속될 것이다. 이것을 이해하고 순례의 길을 가라. 길이 끝나는 지점은 없다.

마니샤의 질문
아무 것도 지각(知覺)할 것이 없을 때, 즉 마음에 아무 것도 입력되지 않고 그래서 나 자신을 규정지을 만한 것이 아무 것도 없을 때에도 주시는 남습니까? 주시자조차 없고, 다만 아무도 없다는 각성만이 있는 듯합니다.

정확하게 옳다. 주시자는 없다. 오직 주시가 있을 뿐이다. 오직 의식이 있을 뿐, 인격과 형상은 없다. 오직 각성만이 있다. 불꽃은 아무 데도 아닌 곳에서 솟아올라 아무 데도 아닌 곳으로 사라진다. 그리고 그대는 그 중간 지점에서 불꽃을 본다.

촛불을 보라. 그 불꽃이 어디로 가는가? 고탐 붓다는 궁극적인 체험을 '촛불을 끈다'는 말로 표현했다. 니르바나(Nirvana)가 그런 뜻이다. 순수한 각성이 있을 뿐 아무 것도 없다. 그대의 개체성 (individuality)을 규정지을 만한 것도 없다. 다만 고정된 형체 없이 떠다니는 구름이 있을 뿐이다. 그 엄청난 '있음(isness)', 말할 수 없는 기쁨······.

그러나 그것은 '그대의' 기쁨이 아니다. 그대는 부재(不在)한다. 그대의 부재 안에 기쁨과 지복이 떠오른다. 그대가 존재하지 않는 순간, 그때에 주시는 순수하다. 이 주시는 최상의 은총을 가져온다. 이 주시가 곧 붓다이다.

8.

눈먼 당나귀

임제가 말했다.

"나는 마음 바탕의 법(心地法)을 설한다. 이 마음 바탕의 법은 능히 자유롭게 범부의 경지에 들어가고 성인의 경지로도 들어간다. 만일 그대들이 지어낸 진(眞)과 속(俗), 범부와 성인의 구별로써 진속범성(眞俗凡聖)의 세계에 차별적인 이름을 붙일 수 있다고 생각한다면 그것은 잘못이다. 이 진속범성이 '참사람'에게 이름을 붙일 수는 없다.

도를 닦는 여러 벗들이여! 잡았으면 그대로 쓸 뿐 결코 이름을 붙이지 말아야 하니, 이것을 일컬어 '깊은 뜻(玄旨)'이라고 한다."

자신의 생애를 마감하기로 작정했을 때, 임제는 가장 깨끗한 가사를 입고 자리에 바로 앉아서 운집한 제자들에게 말했다.

"내가 가고 난 다음에 나의 정법안장(正法眼藏)이 없어지지 않도록 하라."

수제자인 삼성(三聖)이 나와서 말했다.

"누가 감히 스승님의 정법안장을 없앨 수 있겠습니까?"

임제가 말했다.

"훗날 사람들이 너에게 정법안장에 대해 묻는다면 너는 뭐라고 대답하겠느냐?"

삼성이 바로 '할!' 했다.

임제가 말했다.

"나의 정법안장이 이 눈먼 당나귀에게서 멸해 버릴 줄이야 누가 알았겠는가?"

마니샤, 오늘은 임제 강의의 마지막 날이다. 우리는 임제와 더불어 아름다운 날을 보냈다. 그를 잠시만이라도 우리와 동시대인으로 만든 것은 정말이지 감로수처럼 달콤한 경험이었다.

임제에 대해 이야기하기 전에, 신박물관(神博物館)의 관장인 아비르바바(Avirbhava)가 데려온 신입 회원을 소개하겠다. 그의 이름은 용(龍)이다.

"구약 성경에 따르면, 용은 티아멧(Tiamet)이라고 불리는 바빌로니아의 암컷 용으로부터 유래했다고 한다. 기독교에서 용은 악마를 대표한다. 그래서 셀 수 없이 많은 성자들의 생애를 그린 그림에는 그들과 용 사이의 전투를 묘사하고 있다."

"서양에서 용을 악마로 보는 반면, 동양에서는 용을 호의적으로 생각한다. 중국에서는 황제가 죽으면 용처럼 승천한다는 말이 전해졌다. 그리고 용이 승천할 때 그 발이 구름을 눌러서 비가 내리는 것이라고 믿었다. 또한 중국의 신화에서 용은 우주의 두 힘인 음양(陰陽)을 황제(黃帝)[1]에게 계시한 하늘의 전령이다."

"역경(易經)[2]에서 용은 지혜를 상징한다."

"일본에서 세 개의 발톱을 가진 용은 황권과 영적인 힘을 소유한 황제를 상징한다."

이 신박물관(神博物館)은 매우 의미심장하다. 그것은 모든 신의 종말을 선언한다. 이제 신들은 박물관의 유품이다. 그것이 신박물관(神博物館)의 목적이다. 인간의 삶과 신들의 관계는 끝났다. 이

---

1) 중국의 전설적인 초대 황제(皇帝). Yellow Emperor
2) 오경(五經)의 하나. 고대 중국의 역점(易占)에 관한 책.

제 신들은 허구적인 신화로서, 성직자들의 착취에 대한 상징물로서, 정신병에 걸린 사람들의 발명품으로서 기억될 것이다.

미래의 인간은 신을 갖지 않을 것이다. 그는 스스로 신이 될 것이다. 우리는 이미 오랜 세월 동안 허구적인 발명품의 위세에 눌려 살아왔다. 그 정도면 충분하다. 이젠 모든 허구로부터의 해방을 선언할 때이다.

새로운 인간의 신은 더 이상 하늘에 있지 않다. 그 신은 새로운 인간 안에 있다. 더 친밀하고 더 가깝게 있다. 새로운 인간은 신을 숭배하지 않을 것이다. 그는 삶 속에서 신을 살 것이다. 그는 신을 노래하고 춤출 것이다. 그 자신이 신의 사원이 될 것이다. 그러므로 나는 새로운 인간을 붓다라고 부른다.

자, 이제 아비르바바는 용을 데려오라.

(두꺼운 종이로 만들어진 초록색 용이 붓다홀 뒤쪽에서 들어왔다. 용은 춤추듯이 너울거리며 홀 안을 돌아다녔다. 그리고 가끔씩 날카로운 이빨 사이로 수증기와 연기를 뿜어냈다. 동양적인 음악이 연주되는 동안 모든 사람이 웃음을 터뜨렸다. 웃음, 중국 음악, 그리고 박수 소리.)

임제가 말했다.

"나는 마음 바탕의 법(心地法)을 설한다. 이 마음 바탕의 법은 능히 자유롭게 범부의 경지에 들어가고 성인의 경지로도 들어간다. 만일 그대들이 지어낸 진(眞)과 속(俗), 범부와 성인의 구별로써 진속범성(眞俗凡聖)의 세계에 차별적인 이름을 붙일 수 있다고 생각한다면 그것은 잘못이다. 이 진속범성이 '참사람'에게 이름을 붙일 수는 없다.

'마음 바탕(心地：mind-ground)'이라는 말은 빈 마음을 의미한다. 오직 근원적인 바탕만 남고 그 외에 모든 것은 사라졌다.

꿈을 꾸기 위해서는 먼저 그대가 살아 있어야 한다. 죽은 사람이 꿈꿀 수 있겠는가? 마찬가지로 그대의 삶은 모든 투영과 상상, 천당과 지옥에 있는 모든 신들, 온갖 신화, 철학, 신학의 바탕으로 기능한다. 그 모든 것의 바탕은 마음이다.

선은 마음의 본질적인 바탕 이상으로 넘어가지 않는다. 선은 그 본질적인 바탕 위에 신화와 신앙 체계를 세우지 않는다. 선은 침묵의 마음으로 남는다. 그리고 침묵의 마음은 곧 무심이다. 표현이 다를 뿐이다. 그대는 '무심'이라고 말할 수 있다. 왜냐하면 사념이 없기 때문이다. 또한 그것을 '마음 바탕(mind-ground)'이라고 부를 수도 있다. 이유는 마찬가지로 사념이 없기 때문이다.

이 '마음 바탕'은 성스러운 것, 세속적인 것, 물질적인 것, 영적인 것, 어느 것으로나 묘사될 수 있다. 이 마음은 만물에 이름을 붙일 수 있다. 실재하는 것과 실재하지 않는 것을 가리지 않고 모든 것에 명칭을 부여할 수 있다. 그러나 '참사람'에게는 이름 붙일 수 없다. 임제는 그 자신의 깨달음, 그 깨달음에서 태어난 새로운 인간을 암시하고 있다. '마음 바탕'은 '이 사람(참사람)'에게 명칭을 부여할 수 없다. 이 새로운 인간, 도의 인간, 깨달음의 인간에게 '마음 바탕'은 이름을 붙일 수 없다.

이유는 무엇인가? 이름은 사념인데, 선은 성스럽든 세속적이든 어떤 사념도 인정하지 않기 때문이다. 선은 오로지 순수한 의식(consciousness), 텅 빈 가슴만을 인정한다.

그토록 많은 신화를 창조할 수 있는 이 마음은……. 수많은 사람들이 허구적인 신의 그늘 아래 살아간다. 모든 것은 마음의 게임이다. 마음이 신을 만들고 마음이 악마를 만든다. 마음은 그대가 원하는 무엇이든 창조할 수 있다. 그러나 '참사람'은 창조할 수 없다. 깨달은 자는 더 이상 존재하지 않는다. 깨달은 자는 우주 안에 용해되었다. 이제 그는 형체가 없으며 아무 경계(境界)도 없다. 그러니 어떻게 그를 이름 붙일 수 있겠는가?

이름 붙일 수 있는 모든 것은 아무 가치도 없다. 오직 의식의 근원만이 가치 있다. 그대가 그 근원 위에 키우고 있는 모든 것은 공허하기 짝이 없다. 마음은 그대가 원하는 것은 무엇이든지 줄 수 있다. 마음의 상상력은 엄청나다. 상상력은 한계를 모른다. 그러나 마음이 창조한 모든 것은 허구이고 환상이며 신기루가 될 것이다.

진리와 마주칠 때, 마음은 완전히 무능하다. 마음은 진리에 이름을 붙일 수 없다.

진리는 이름이 없다. 진리는 무명(無名)이다. 그대의 궁극적 존재는 이름 붙여진 적이 없다. 이름을 붙일 방법도 없다. 진리를 발견했을 때 그대는 거기에 완전히 압도되고 흡수되어 사라진다. 오로지 진리만이 남는다. 사랑, 자비, 우아함, 광채 등 모든 것이 거기에 있지만 그대는 사라졌다. 그러니 누가 그것을 이름 붙일 수 있겠는가?

그대가 사라진다 함은 우주의 문이 열림을 의미한다. 그대가 사라졌다고 말할 때, 내 말은 그대가 바다 안으로 사라졌다는 말이다. 이제, 이슬 방울은 바다로 사라졌다. 어디서 이슬 방울을 찾을 수 있겠는가? 그것을 어떻게 이름 붙일 수 있겠는가? 그대가 말할 수 있는 것은, 그것이 바다와 하나가 되었다고 말하는 것이 전부이다. 이슬 방울은 작은 바다였다. 그래서 바다와 하나될 수 있었던 것이다. 이슬 방울은 스스로 작은 한계 안에 갇혀 있었다. 그런데 이제는 그 한계를 벗어 던지고 바다로 사라졌다. 이것은 이슬 방울이 죽었다는 의미가 아니다.

다만 더 이상 이슬 방울이라고 부를 수 없을 정도로 커졌다는 뜻이다.

　　도를 닦는 여러 벗들이여! 잡았으면 그대로 쓸 뿐 결코 이름을 붙이지 말아야 하니, 이것을 일컬어 '깊은 뜻(玄旨)'이라고 한다."

　　도(道)는 붓다가 얻은 이해의 경지와 똑같은 경지를 말한다. '도(道)'라는 단어는 아무 의미도 없다. 붓다가 그것을 담마라고 불렀던 것처럼, 노자가 그것을 아무 의미도 없는 '도'라는 단어로 부른 것은 강제에 의해서였다. 노자는 일생 동안 아무 것도 쓰지 않았다. 황제는 끈질기게 노자를 설득했다.

　　"그대가 얻은 경험을 기록으로 남겨야 하오. 그것은 자손대대로 소중한 가치를 지니게 될 것이오."

　　노자가 말했다.

　　"폐하는 지금 무엇을 요구하는지도 모르고 있습니다. 그것을 쓸 수 있는 사람은 아무도 없습니다. 아무도 그것을 공언할 수 없습니다. 다만 그것에 살고, 그것을 사랑하고, 그것 안에 용해되고, 그것 안에서 부활할 수 있을 뿐, 그것에 대해 말할 수는 없습니다. 언어는 그것과 너무 동떨어져 있습니다."

　　노자는 평생 동안 제자들의 모든 제안을 거절했다. 제자들은 이렇게 말했다.

　　"당신은 완벽한 침묵과 평화, 지복의 경지에서 위대한 삶을 살아오셨습니다. 만일 그것을 기록으로 남기지 않는다면 그것은 인류에게 커다란 손실이 될 것입니다. 당신이 어떻게 그런 경지에 도달하셨는지, 우리가 어느 방향으로 나아가야 하는지 알 수 있도록 발자국을 남겨 주십시오. 아주 조그만 문서라도 남겨 주십시오."

그러나 노자는 말했다.

"나도 말하고 싶다. 하지만 존재계의 순수성을 더럽힐 수는 없는 일이다. 내가 그것을 말하는 순간, 그것은 더럽혀질 것이다. 존재계는 어마어마한데 인간의 언어는 너무 하찮다. 그러니 나를 용서하기 바란다."

이것이 그가 평생 동안 보여준 자세였다. 말년에 그는 제자들에게 말했다.

"이제 나는 히말라야로 은거할 때가 되었다. 죽음이 멀지 않았다. 나는 적당한 장소에서 죽음을 맞이하고 싶다."

영원한 침묵에 잠겨 있는 히말라야보다 더 적당한 장소는 없다. 죽음을 맞기 위해 히말라야의 만년설 속으로 사라진 사람은 노자만이 아니다. 히말라야는 신비한 매력이 있다. 그 웅장한 높이와 험난한 길로 인해 히말라야는 아직도 인간의 추한 진동으로 오염되지 않은 곳이 많이 남아 있다.

노자는 제자들을 버리고 떠났다. 그러나 곤란한 문제에 직면했다. 중국에서 히말라야로 가는 길목마다 경비초소가 있었다. 그런데 황제가 경비병들에게 명령을 내렸던 것이다.

"노자가 국경선을 넘는 것을 발견하는 즉시 그를 막아라. 매우 정중하게 대해라. 만일 히말라야로 가고 싶다면 그의 경험을 기록으로 남겨야만 갈 수 있다고 회유하라. 본질적인 실마리만이라도 남기게 하라."

노자는 경비병들에게 제지당했다. 경비병들은 그를 초소에 가두고 문을 잠궜다. 그리고 이렇게 말했다.

"저희들은 상부로부터 직접 명령을 받았습니다. 당신의 본질적인 경험을 기록으로 남기지 않는 한 당신은 히말라야로 갈 수 없습니다."

 그것은 존경이 가득한 협박이었다. 결국 노자는 도덕경(道德經)을 쓸 수밖에 없었다. 히말라야로 가기 위해서는 다른 방법이 없었다. 그는 책의 첫 줄을 이렇게 시작했다.

 "진리는 말해질 수 없다. 말해지는 순간 이미 그것은 진리가 아니다."[3]

 이 작은 책을 읽는 사람들은 첫 줄부터 '이 책은 언어이며, 언어는 언어 너머의 침묵을 전달할 수 없다'는 경고와 만나게 된다. 이것이 이 책의 서문이다.

 "나는 강요에 의해 이 책을 쓰고 있다. 그러나 이것은 진리가 아니다. 책에서 진리를 얻을 수는 없다."

 얼마나 정직한 말인가!

 임제는 말한다.

   도를 닦는 여러 벗들이여! 잡았으면 그대로 사용하라.

 그들은 마음의 근원을 포착했다. 그들은 자신의 존재를 이해했다. 그리고 그것을 사용한다.

   그러나 결코 이름을 붙이지 마라.

 그들은 그것을 포착하여 평생 동안 이용한다. 그들은 그것과 하나가 된다. 그러나 그것에 대해, 그것이 무엇인지 단 한마디도 하지 않는다.

---

3) 도가도 비상도(道可道 非常道)

그대는 그것을 획득한 스승과 함께 살아야 한다. 스승과 함께 깊은 침묵 속에 앉아 있어야 한다. 그러면 그대의 가슴과 스승의 가슴이 동시에 춤추기 시작한다. 깊은 조화 속에 춤이 이루어진다. 말해진 것도 없고, 들은 것도 없을 것이다. 그러나 모든 것이 이해될 것이다. 그래서 이것은 '신비한 이치(mysterious principle : 玄旨)'라고 불려진다.

그것을 말한 사람도 없고 들은 사람도 없다. 그러나 수천 명의 사람들이 삶 속에서 그것을 살았다.

종교는 설명이 아니라 경험이다. 종교는 공부해야 하는 것이 아니라 살아야 하는 것이다. 그런데 거의 모든 종교는 그런 점에서 빗나갔다. 그들은 경전이 되었다. 그들은 사원, 교회, 시나고그(synagogue)[4]가 되었다. 그들은 대중의 뜻에 따라 기도문을 만들고 형식을 만들었다. 그들은 대중이 필요로 하는 것은 무엇이든지 제공할 준비가 되어 있다.

단지 대중의 세력을 등에 업기 위해서이다. 추종 세력은 곧 그들의 정치 권력과 직결되기 때문이다.

소위 세상의 종교라는 것들은 은밀한 정치 외에 아무 것도 아니다. 나는 절대적인 확신을 갖고 이 점을 분명하게 못박고 싶다. 그들의 얼굴은 종교적이다. 그러나 그 얼굴은 가면이다. 깊은 곳을 들여다보면 순수하게 정치만이 있을 뿐 그 밖에는 아무 것도 없다. 당연히 그들은 대중을 따라야 한다. 이것은 정말 어처구니없는 일이다. 대중은 아무것도 모른다. 그런데 종교는 세력을 유지하기 위해 대중의 뜻을 따른다. 우스운 일이다.

---

4) 유태교 회당.

뉴욕에서 세 명의 랍비(rabbi)5)가 이야기하고 있었다.
첫 번째 랍비가 말했다.
"우리 시나고그가 가장 현대적이다. 나는 설교하는 도중에 사람들이 담배를 피거나 술을 먹어도 가만 놔둔다. 담배와 술에 크게 해로운 것이 있는가? 이것이 시나고그에 대한 현대판 개념이다!"
두 번째 랍비가 말했다.
"그것은 아무 것도 아니다. 나는 사람들이 섹스를 해도 상관하지 않는다. 섹스가 뭐가 해로운가? 설교가 진행되는 도중 사람들은 서로를 사랑하며 즐긴다. 사랑이 나의 메시지이다!"
세 번째 랍비가 말했다.
"당신들은 우리 시나고그에 비하면 훨씬 낙후되었다. 우리 시나고그의 정문에는 커다란 간판이 걸려 있는데 거기엔 이렇게 쓰여 있다. 대중의 뜻에 따라 유태인의 휴일에는 문을 닫습니다!"

사람들을 고려한다는 것은······구제프는 이렇게 말하곤 했다.
"사람들을 고려한다면 그대는 결코 종교적이 될 수 없을 것이다."
어느 누구도 고려하지 마라. 다만 그대의 진리를 추구하고 그에 따라 살아라. 온 세상이 반기를 든다 해도 개의치 마라. 절대로 타협하지 마라. 진정으로 종교적인 사람은 결코 타협하거나 양보하지 않는다.

자신의 생애를 마감하기로 작정했을 때, 임제는 가장 깨끗한 가사를 입고 자리에 바로 앉았다.

---

5) 유태교 성직자.

이 짧은 문구는 임제의 훌륭한 특성을 상징한다. 그는 죽음과 만날 준비를 하고 있다. 그는 가장 좋은 가사를 입고 좌선 의자에 앉았다. 그는 명상의 침묵 속에 죽음과 만날 채비를 했다

임제가 제자들에게 말했다.
"내가 가고 난 다음에 나의 정법안장(正法眼藏)이 없어지지 않도록 하라."

인도에서 수천 년 동안 '제 삼의 눈'—내면을 들여다 보는 눈—이라고 불러 온 것을 선에서는 정법안장(正法眼藏)이라고 부른다. 얼굴에 달린 두 눈은 외부를 본다. 그리고 외부 세계의 모든 것이 둘로 나누어져 있는 것은 대단히 상징적이다. 밤이 있으면 낮이 있다. 사랑이 있으면 미움이 있고, 친구가 있으면 적이 있다.
외부 세계를 보기 위해서는 반드시 두 개의 눈이 필요하다. 그러나 내면을 보기 위해서는 두 개의 눈이 하나로 융해되어야 한다. 내면을 향할 때에는 오직 법안(法眼) 하나, 도의 눈 하나, 또는 제 삼의 눈밖에 없다.
임제는 마지막 순간 제자들에게 말한다.

"내가 가고 난 다음에 나의 정법안장(正法眼藏)이 없어지지 않도록 하라."

"나는 그대들에게 보물을 주었다. 나는 그대들에게 '신비한 이치(玄旨)'를 소개하고, 제 삼의 눈을 깨닫게 했다. 그러니 어느 누구도 그것을 파괴하지 못하도록 하라."

수제자인 삼성(三聖)이 나와서 말했다.
"누가 감히 스승님의 정법안장을 없앨 수 있겠습니까?"
임제가 말했다.
"훗날 사람들이 너에게 정법안장에 대해 묻는다면 너는 뭐라고 대답하겠느냐?"
삼성이 바로 '할!' 했다.
임제가 말했다.
"나의 정법안장이 이 눈먼 당나귀에게서 멸해 버릴 줄이야 누가 알았겠는가?"

삼성은 곧바로 응답했다. '악!' 하는 외침은 임제에 의해 선에 도입된 것이다. 대답될 수 없는 질문에 '악!' 하고 소리치는 것은 상대방을 잠시 동안 침묵에 빠뜨린다. 고함 소리가 대답이다. 고함 소리를 통해 그대는 이렇게 말하는 것이다.
"침묵하라, 그러면 자연히 알게 되리라!"
많은 말이 필요 없다. 고함 소리 한 번이면 충분하다. 그때, 상대방은 충격받는다. 잠시 동안 마음은 숨을 죽인다.
"이게 무슨 일인가? 나는 매우 논리적이고 합리적인 질문을 던졌다. 그런데 이 사람은 내게 고함을 지른다!"
고함은 마음이 그 의미를 파악할 수 없을 정도로 빠르게 다가온다. 그래서 마음은 최소한 잠깐만이라도 침묵하게 된다.
삼성은 '악!' 하고 외쳤다. 그러나 그것은 옳은 대답이 아니었다.

임제가 말했다.
"나의 정법안장이 이 눈먼 당나귀에게서 멸해 버릴 줄이야 누가 알았겠는가?"

임제는 항상 눈먼 자들이 정법안장을 파괴한다고 말한다. 그대는 눈먼 자들 앞에서 고함을 칠 수도 있다. 그러나 그것은 그들에게 제삼의 눈을 갖게 하는 데 도움이 되지 못할 것이다. 그들은 외부 세계조차 보지 못한다. 그런데 어떻게 내면을 볼 수 있겠는가?
　그들은 '본다'는 말이 무슨 뜻인지도 모른다.
　위대한 종교적 경지는 항상 스승의 사후(死後), 눈먼 당나귀들에 의해 파괴된다. 그대는 그 당나귀들을 알아볼 수 없을 것이다. 왜냐하면 여기서 말하는 눈먼 당나귀는 진짜 당나귀가 아니기 때문이다. 눈먼 당나귀는 어떤 자들을 암시하는가? 푼디트[6], 랍비, 주교, 교황, 상카라차리야[7]가 바로 눈먼 당나귀들이다. 이들은 종교적 경지의 모든 것을 파괴한다. 왜냐하면 대중의 마음을 움직여야 하기 때문이다. 그들은 진리를 보존하는 것에 관심이 없다. 그들이 관심을 갖는 진짜 문제는, 얼마나 많은 추종자를 모으느냐 하는 것이다.
　모든 사람이 더 많은 권력을 갖는 데 관심을 갖는다. 그리고 외부 세계에는 단 하나의 권력이 있을 뿐이다. 그것은 대중의 세력을 등에 없는 것이다. 대중의 지지를 얻기 위해서는 먼저 대중을 지지해야 한다. 그대는 온갖 약속을 남발해야 한다. 그렇지 않으면 그들은 그대를 따르지 않을 것이다.
　그들은 이미 수천 년 동안 내려온 편견에 물들어 있다. 그들은 무엇이 옳고 무엇이 그른지 훤히 알고 있다. 그들은 진리가 무엇인지, 신이 무엇인지, 천당과 지옥이 무엇인지 알고 있다. 그대는 그들의 세뇌된 마음을 바꿀 수 없을 것이다. 그들에게는 그대를 버리고 자기들의 편견을 지지하는 다른 세력권을 찾아가는 것이 더 쉬울 것

---

6) 힌두교의 신학자.
7) 힌두교의 우두머리.

이다.
 사람들은 자신의 무지가 고무되는 곳에서 행복을 느낀다. 그리고 자신의 무지가 폭로되고 말살되는 곳에서는 불행을 느낀다. 왜냐하면 그들은 자신의 무지와 동일시되어 있기 때문이다. 이것이 바로 눈먼 당나귀의 속성이다.
 임제는 그대가 제 삼의 눈을 소유하고 다른 사람에게 계속 전하지 않는 한, 제 삼의 눈을 보존할 방법은 없다고 말한다. 법안(法眼)은 경전 안에 보존될 수 없다. 유일한 방법은 그대가 그것을 갖는 것이다. 그리고 풍요함에 넘쳐서 그것을 다른 사람들에게 나누어 주는 것이다. 그 외에 다른 방법은 없다.

 임제는 단정히 앉은 채 열반에 들었다. 그때가 866년, 또는 887년이었다. 임제는 스물 두 명의 깨달은 제자를 남겼다.

 이것은 엄청난 공헌이다. 스물 두 명의 깨달은 제자를 남겼다는 것은 인간의 의식 수준 전체를 끌어올린 것이다. 단 한 사람이 그토록 위대한 노력과 업적을 남긴 것이다. 그후 천 백 년 동안 임제의 맥을 잇는 제자들은 계속 깨달음을 얻었다. 지금도 그 흐름은 계속되고 있다. 그 깨달음의 물길은 사막으로 사라지지 않았다.
 사막은 학자들의 것이다. 지금도 각급 학교에서는 계속 사막을 만들고 있다. 그 사막 안에서는 모든 것이 사라진다. 막막한 사하라 사막에서 의식의 작은 물길은 간단하게 사라진다. 그 물길은 바다에 도달하지 못한다. 모든 학문은 그대를 바다에서 동떨어진 곳으로 데려간다. 왜냐하면 학자들이란 결국 기득권층의 하수인이기 때문이다. 그들은 어떤 이득을 갖고 있다. 그리고 그 이득을 위해서라면 모든 것을 타협할 수도 있다. 실제로 그들은 지금까지 그렇게 해

왔다.

만일 위대한 스승이 자신의 둘레에 살아 있는 불길을 만들지 않는다면 그는 간단하게 잊혀질 것이다. 스승이 잊혀질 때 인류는 많은 것을 잃는다. 세상에는 수천 명의 신비주의자들이 있었다. 그런데 이젠 그들의 이름조차 잊혀졌다.

지금 아난도는 이때까지 내가 언급한 모든 신비주의자들에 관한 책을 편집하고 있다. 그녀가 콜먼 바크(Coleman Barks) 교수에게 그 이야기를 꺼내자, 그는 대단한 관심을 표명했다. 그는 자기가 그 책을 출판하고 싶다고 말했다. 그러면서 그는 이렇게 말했다.

"도대체 오쇼는 삼백 명이나 되는 이 많은 사람들을 어디에서 찾아냈을까요? 나는 그들의 이름조차 들어본 적이 없어요. 그런데 삼백 명의 붓다라니!"

지금 그는 여기를 떠났다. 그렇지 않았다면 나는, 내가 아직도 살아 있으며 앞으로도 최소한 이백 명의 붓다를 더 언급할 것이라는 이야기를 전했을 것이다. 아직도 많은 신비주의자가 남아 있다. 그런데 그들의 이름조차 망각의 늪으로 사라졌다.

그대들은 지금 대중의 기억 속에서 사라진 사람들과 그들의 경전에 대해 듣고 있다.

나의 모든 노력은 그 황금의 정점들을 그대의 의식 속에 되살려 놓으려는 것이다. 그래서 그대가 '그렇게 많은 사람이 깨달았다면 나라고 깨닫지 못할 이유가 없다!'는 확신을 가질 수 있게 하려는 것이다.

내가 이 각자(覺者)들에 대해 이야기하는 목적은 단 하나이다. 그대 자신에 대한 신뢰를 창조하는 것, 그대의 운명은 붓다가 되는 것이라는 확신을 심어 주는 것이 그 목적이다.

이큐는 이렇게 읊었다.

내가 이 가르침을 드높이거나
글씨로 쓰거나 상관없이
하늘 아래 모든 것은
황제의 영토이다.
나는 경건하게 예를 올리고 말한다.
"뜻대로 하소서. 뜻대로 하소서."

이것은 존재계에 완전히 내맡김, 철저한 방임의 다른 표현이다. 이것은 '여여함(如如 : suchness)'의 다른 표현이다.
나는 경건하게 예를 올리고 말한다.
"뜻대로 하소서. 뜻대로 하소서."

"무슨 일이 일어나도 좋습니다. 나는 완벽하게 내맡깁니다. 뜻대로 하소서."

때로는 불운한 일이 일어나는 것처럼 보인다. 그럼에도 불구하고 이큐는 옳다. 불운은 지복의 변장한 모습이다. 불행조차 즐겁게 받아들일 준비가 된 사람은 그 불행을 기쁨으로 변형시킨다. 아무 저항도 없이 흔쾌히 받아들이는 것, 이것이 불행을 아름다운 것으로 변형시키는 기술이다.

무슨 일이 일어나든 원한을 갖지 마라. 존재계에 불만을 갖지 마라. 이것이 선의 핵심적인 메시지이다.

마니샤의 질문

우리는 내면에 있는 부동의 주시자를 인식하는 것으로부터 외부의 신—사람들이 죽음으로 숭배하는—으로 달려가는 경향이 있습니다. 그때, 찰나지간에 다시 주시자로 돌아가는 것이 가능합니까? 저는 실제로 당신 앞에 앉아 있지 않는 한, 주시를 기억한다는 것이 어려운 과제처럼 느껴집니다.

마니샤,
 그것은 어려운 과제가 아니다. 그것은 아주 쉬운 과제이다! 에고는 항상 어려운 과제를 원한다. 그러나 단지 자연스러운 상태로 존

재하는 것은 어려운 과제가 될 수 없다.

그러니 먼저 그것을 어렵다고 생각하는 그대의 관념을 바꿔라.

그리고 두 번째로 그대는 이렇게 말한다.

"저는 실제로 당신 앞에 앉아 있지 않는 한, 주시가 어려운 과제처럼 느껴집니다."

그대는 스스로 그것을 어려운 과제로 만들고 있다. 만일 내 앞에서 가능하다면 다른 곳에서는 왜 안되는가? 내 앞에서 주시가 가능하다면 어디에서나 가능하다. 그대는 말한다.

"저는 실제로 당신 앞에 앉아 있지 않는 한……."

그대는 내가 실제로 여기에 있다는 것을 어떻게 확신할 수 있는가? 그대는 내가 여기에 존재한다는 아무 증거도 갖고 있지 못하다. 그대의 눈은 믿을 만한 것이 못 된다. 눈은 계속해서 그대를 속인다. 여기 있는 모든 청중이 깊이 잠들어 있고, 그대들 모두가 나를 꿈꾸고 있을지도 모른다. 나는 그대들 모두의 꿈이다.

그대는 외부 세계에 있는 어떤 것도 실체인지 아닌지 판별할 수 없다.

그런 이유로 해서 위대한 철학자인 샹카라(Shankara)[9]는 외부 세계가 단지 꿈이고 환상일 뿐이라고 주장했다. 서양에서도 브래들리(Bradley)[10]와 보잔켓(Bosanquet)[11]이 똑같은 생각을 가졌다. 그들은 외부 세계가 실재하는지 아닌지 말할 수 없다고 주장했다. 꿈속에서는 꿈을 믿기 때문이다.

그대의 믿음은 별로 믿을 만한 것이 못된다. 그대는 꿈속에서

---

9) (700~750년 경) 베단타 학파 중 가장 유력한 不二一元論派의 개조(開祖). 종종 인도 최대의 철학자로 이야기된다.
10) (1851~1935) 영국의 문예 비평가.
11) (1848~1923) 영국의 철학자.

'아마 나는 꿈속에 있을 거야' 하고 의심하는가? 꿈속에서 그대는 현실과 다름없을 만큼 꿈에 깊이 연루되어 있다. 꿈은 얼마나 현실적인지, 사자나 용이 그대의 가슴을 누르고 있는 악몽을 꾸다가 놀라서 깨면 '꿈이었구나!' 하고 엄청난 해방감을 느낄 것이다. 꿈속에서 도망치느라 뛰어가면 실제로 호흡이 거칠어진다. 그리고 진땀이 흐른다. 그것은 그대의 몸과 마음이 용을 실체로 믿고 있었다는 증거이다.

외부 세계가 또 하나의 꿈이 아니라는 것을 증명할 방법은 없다. 외부 세계는 아마 칠십 년 동안 꾸는 긴 꿈일지도 모른다. 아마 그대가 잠자리에 들었을 때나 깼을 때나 계속되는 특별한 꿈일지도 모른다. 외부 세계가 실제로 존재한다는 것을 논리적으로 증명할 방법은 없다. 외부 세계는 존재할 수도 있고, 존재하지 않을 수도 있다.

그러니 내가 현실적으로 그대 앞에 있느냐, 없느냐에 신경 쓰지 마라. 나는 다만 방편일지도 모른다……. 사실, 나는 방편이다. 내 앞에서 주시할 수 있다면 그대는 자신에게 주시의 능력이 있다는 것을 알고 있을 것이다. 그렇다면 주시가 어려운 과제가 될 이유가 없다. 주시를 놀이처럼 편안한 것으로 생각하라.

처음에 그대는 자꾸 주시를 잊을 것이다. 나는 그것을 안다. 주시를 잊는 것에 대해 근심하지 마라. 그대는 주시를 잊고 있다가 다시 기억한다. 그리곤 '아차! 잊고 있었잖아?' 하면서 자책하기 시작한다. 그것 또한 다시 주시를 잊는 것이다. 잊었던 것은 잊혀진 것이다. 이제 그대는 주시를 기억하고 있다. 그것으로 충분하다.

지나간 순간에 대해서는 결코 자책하지 마라. 지나간 것은 지나간 것이다. 후회하고 자책하기 시작하면 더 많은 순간을 잃게 될 것이다. 지금 나는 '후회하지 마라!'고 말한다. 그러면 그대는 후회했던 것에 대해 후회하기 시작한다. 그리고 주시는 멀리 사라질 것이다.

그러니 간단하게 생각하라. 잊었던 순간에 대해서는 잊어라. 그 순간은 지나갔다. 이제 그대는 기억하고 있다. 서서히 주시가 끊기는 틈이 줄어들 것이다. 그렇게 되기까지는 시간이 조금 필요하다. 그대는 며칠 동안 피었다가 사라지는 계절화(季節花)가 아니다.

그대는 영원의 꽃이다.

그러니 실망할 필요가 없다. 잠깐 동안 주시를 잊고 있었다 해도 아무 문제 없다. 이제는 주시하라! 지나간 순간에 대해서는 조금의 생각도 주지 마라. 주시를 잊는 것은 자연스러운 일이다. 죄책감을 느끼지 마라.

나는 나의 제자들 중 어느 누구도 죄책감을 느끼는 것을 결코 원하지 않는다. 일어났던 일에 대해서는 미련을 버려라. 지금 그대는 주시한다. 그러다가 다시 잊을 것이다. 그 다음에는 다시 기억할 것이다. 그렇게 계속 반복될 것이다. 이것은 자연스러운 과정이다. 어느 한 사람만 그런 것이 아니다. 모든 사람이 다 이런 과정을 거친다. 그러니 쉽게 생각하라. 주시하는 시간이 점점 더 많아질 것이다. 그리고 어느 날엔가 잊고 싶어도 잊을 수 없는 날이 올 것이다. 반드시 그런 날이 올 것이다. 그때가 되면 그대는 내게 화를 낼 것이다. '이젠 잊고 싶은데 잊을 수가 없잖아요!' 하면서 성을 낼 것이다. 지금 그대는 주시하려고 애쓰면서 행복해 하고 있다. 그러나 완벽한 주시자가 되는 날이 올 것이고, 그때가 되면 내게 화를 낼 것이다. 왜냐하면 잊는다는 것에도 나름대로 아름다움이 있기 때문이다. 그런데 그대는 잊을 수 없다……. 그대의 주시는 너무나 확고해졌다. 그래서 그대는 공휴일을 즐길 수도 없다.

깨어 있는 자에게는 공휴일이 없다!

No Birth	無生	Page 12.
Not Outside	無外	Page 46.
Zen	禪	Page 90.
No-Mind	無心	Page 120.

No Path	Page 144.
No Gate	Page 170.
No Death	Page 194.
Not No-Mind	Page 222.

오쇼에 대하여

오쇼의 가르침은 어떠한 틀로도 규정하기 힘들 만큼 다양한 주제를 다루고 있다. 그의 강의는 삶의 의미를 묻는 개인적인 문제에서부터 현대사회가 안고 있는 시급한 정치·사회적인 문제에 이르기까지 거의 모든 주제를 망라한다. 오쇼의 책은 그가 직접 저술한 것이 아니라, 다양한 국적의 청중들에게 들려준 즉흥적인 강의들을 오디오와 비디오로 기록하여 책으로 펴낸 것이다. 그는 자신의 강의에 대해 이렇게 말했다. "내가 무슨 말을 하건 그 말은 지금 이 시대의 당신들을 위한 것일 뿐만 아니라 다가오는 미래 세대를 위한 말이기도 하다."

런던의 선데이 타임스(Sunday Times)는 20세기를 빛낸 천 명의 위인들 중 한 사람으로 오쇼를 선정했으며, 미국의 작가 탐 로빈스(Tom Robbins)는 오쇼를 '예수 이후로 가장 위험한 인물'로 평가하기도 했다. 인도의 선데이 미드데이(Sunday Mid-Day)는 인도의 운명을 바꾼 열 명의 인물을 선정했는데, 그 중에는 간디, 네루, 붓다 등의 인물과 더불어 오쇼가 포함되어 있었다.

오쇼는 자신의 일에 대해 새로운 인간이 탄생하도록 기반을 닦는 것이라고 했으며, 이 새로운 인간을 '조르바 붓다(Zorba the Buddha)'로 부르곤 했다. 조르바 붓다란 니코스 카잔차키스의 소설 속 주인공인 그리스인 조르바처럼 세속의 즐거움을 누리는 동시에, 붓다와 같은 내면의 평화를 겸비한 존재를 일컫는다. 오쇼의 가르침에 일관되게 흐르는 정신은, 과거로부터 계승되어온 시대를 초월한 지혜와 오늘날의 과학문명이 지닌 궁극적인 가능성을 한데 아울러 통합하는 것이다.

또한 오쇼는 점점 가속화되는 현대인들의 생활환경에 맞는 명상법을 도입하여 인간의 내면을 변화시키는 데 혁명적인 공헌을 하였다. 그의 독창적인 '역동 명상법'들은 심신에 쌓인 스트레스를 풀어줌으로써 일상생활 속에서 더 수월하게 평화와 고요함을 경험할 수 있게 해준다.

아래의 두 책을 참고하여 오쇼의 생애에 대해 더 자세하게 알아볼 수 있다.

- 『Autobiography of a Spiritually Incorrect Mystic』
- 『Glimpses of a Golden Childhood』

오쇼 국제 명상 리조트
Osho International Meditation Resort | www.osho.com/meditationresort

위치
인도 뭄바이(Mumbai)에서 남동쪽으로 160킬로 떨어진 뿌네(Pune)에 위치하고 있는 오쇼 국제 명상 리조트는 휴가를 즐기기에 매우 적합한 곳으로, 우람한 나무들이 주거지역을 둘러싸며 40에이커에 달하는 아름다운 정원을 형성하고 있습니다.

특징
매년 100개국이 넘는 나라로부터 수많은 방문객들이 오쇼 국제 명상 리조트를 찾아오고 있습니다. 이 독창적인 명상 리조트는 축제를 즐기듯 즐거운 분위기 속에서 더 평온하며 더 깨어있는 창조적인 방식으로, 새로운 삶의 길을 경험할 수 있는 기회를 제공합니다. 몇 시간의 단기 프로그램에서부터 해를 넘기는 장기 프로그램에 이르기까지, 선택의 폭이 매우 다양합니다. 아무것도 하지 않고 그저 휴식을 취하는 것도 오쇼 국제 명상 리조트에서 제공하는 프로그램 중의 하나입니다.

모든 프로그램은 '조르바 붓다(Zorba the Buddha)' 라는 오쇼의 비전에 바탕을 두고 있습니다. 조르바 붓다는 날마다의 일상생활에 창조적으로 임하며 침묵과 명상 속에서 고요하게 휴식하는 새로운 유형의 인간을 뜻합니다.

명상 프로그램
활동적인 명상, 정적인 명상, 전통적인 명상법, 혁신적인 방편들, 오쇼의 역동 명상법에 이르기까지 각 개인에 맞는 명상 프로그램이 하루 종일 진행됩니다. 이 명상 프로그램들은 세계에서 가장 큰 규모의 명상홀인 '오쇼 오디토리엄(Osho Auditorium)' 에서 진행됩니다.

멀티버시티 Multiversity
오쇼 멀티버시티가 제공하는 다양한 종류의 개인 세션, 수련 코스와 그룹 워크숍은 창조적인 예술, 건강 요법, 인간관계 개선, 개인의 변형, 작업 명상, 비의적인 학문과 선(禪)적인 접근방식이 도입되었고, 프로그램의 범위 또한 스포츠와 레크리에이션 등을 망라하고 있습니다. 이처럼 다양한 프로그램들은 명상과 결합되어 성공적인 효과를 내고 있는데, 이것은 오쇼 멀티버시티가 인간을 여러 부분들의 조합으로 보는 것에서 그치지 않고, 그를 훨씬 뛰어넘는 존재로 인식하는 명상적 이해에 기반하기 때문입니다.

바쇼 스파 Basho Spa
고품격의 바쇼 스파에는 울창한 나무와 열대식물에 둘러싸인 야외 수영장, 독창적 스타일의 넉넉한 자꾸지(Jacuzzi), 사우나, 테니스장을 비롯한 여러 체육 시설 등이 아름답게 배치되어 있습니다.

먹거리
리조트 내의 여러 식당에서는 서양식, 아시아식, 인도식 채식 요리가 제공되며, 대부분의 식재료는 명상 리조트의 방문객을 위해 유기농법으로 생산된 것들입니다. 빵과 케이크 역시 리조트 내에서 자체적으로 만들고 있습니다.

야간 행사
야간에도 다양한 종류의 행사가 벌어집니다. 그중 최고로 꼽히는 댄스파티를 비롯해 별빛 아래서 행해지는 보름날 명상 프로그램, 각양각색의 쇼와 음악 공연, 그리고 여러 가지 명상법들이 진행됩니다. 이 밖에도 플라자 카페(Plaza Cafe)에서 친구들을 만나 즐기거나, 정적에 잠긴 아름다운 정원을 산책하는 것도 좋습니다.

편의 시설
리조트 내에는 은행, 여행사, 피시방이 준비되어 있습니다. 기본적인 생필품은 갤러리아(Galleria)에서 구입이 가능하며, 멀티미디어 갤러리(Multimedia Gallery)에서는 오쇼의 미디어 저작물을 구입할 수 있습니다. 그 밖에 더욱 다양한 쇼핑을 즐기고 싶은 분들은 뿌네 시내에서 인도의 전통 상품을 비롯한 다국적 브랜드의 여러 가지 물건들을 구입할 수 있습니다.

숙박 시설
리조트 내에서는 오쇼 게스트하우스(Osho Guesthouse)의 품격 있는 객실을 이용할 수 있습니다. 더 오랜 기간의 체류를 원하는 방문객은 '리빙 인(Living In)'이라는 패키지 프로그램을 이용하거나, 리조트 밖에 있는 다양한 종류의 호텔과 아파트를 이용할 수도 있습니다.

더 많은 정보를 보시려면 아래의 웹사이트를 참고하시기 바랍니다.

www.OSHO.com

오쇼 닷컴에서 제공하는 내용
인터넷 매거진, 오쇼 서적, 오디오와 비디오, 영어와 힌디어로 된 오쇼 저작물들,
오쇼 명상법에 대한 정보, 오쇼 멀티버시티의 프로그램 스케줄,
오쇼 국제 명상 리조트에 관한 정보

관련 웹사이트
http://OSHO.com/resort
http://OSHO.com/magazine
http://OSHO.com/shop
http://www.youtube.com/OSHO
http://www.oshobytes.blogspot.com
http://www.Twitter.com/OSHOtimes
http://www.facebook.com/pages/OSHO.International
http://www.flickr.com/photos/oshointernational

아래의 주소를 통해 오쇼 국제 재단에 접촉할 수 있습니다.
www.osho.com/oshointernational
oshointernational@oshointernational.com